AI가 알려주는
비즈니스 전략

AI가 알려주는 비즈니스 전략

SUPERHUMAN INNOVATION

크리스 더피 지음 | 장진영 옮김

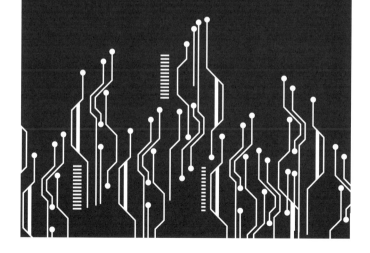

유엑스 리뷰

평생 학습의 사람을 나에게 심어주신 부모님,
나에게 끊임없는 영감이 되어준 사랑하는 아내와 두 딸,
그리고 정직한 성공이 무엇인지를 보여준 여동생에게
이 책을 바칩니다.

차례

제1부 인공지능의 기반

제2부 인공지능의 활성화

제3부 인공지능의 미래

나는 크리에이티브 디렉터이자 창조 기술 전문가다. 이 일을 하는 동안, 나는 항상 인간의 창의력과 독창성이 기술을 만나 증폭되는 순간 희열을 느꼈다. 지난 몇 년 동안 인공지능은 기술 분야에서 인류가 이뤄낸 가장 위대한 진보 중 하나였다. 앞으로 이 책을 통해 어떻게 인공지능이 이런 평가를 받게 되었는지를 상세히 살펴볼 것이다. 난 AI의 역량과 가능성을 기념하고 그것의 한계를 시험해보고 싶었다. 그래서 AI를 활용해서 AI에 관한 책을 쓰기로 결심했다. AI의 현재와 미래의 역량을 탐구하면서, 신나는 일들을 많이 발견했다.

실제로 책을 쓴다는 것은 나에게 수많은 흥미로운 발견으로 이어지는 여정이었다. 물론 어떤 경우에는 AI가 아직 내가 생각했던 수준에 이르지 못했다고 느껴지기도 했다. 나는 책을 쓰면서 AI가 얼마나 변화무쌍한 기술인지를 보여주고 싶었다. 이것이 공동저자로 AI를 선택한 이유이기도 하다. 글을 쓸 때는 유기적이고 유연한 사고가 필요하다. 이처럼 나는 여러 AI 기법을 유기적이고 유연하게 그리고 효율적으로 적절하게 사용하려고 노력했다.

2000년대 초중반, 모바일 시대가 열렸다. 고객들은 우리에게 모바일 기기 혹은 기술에 반응하는 웹사이트 혹은 응용 프로그램의 개발을 요구했다. 그들의 요구에 답하기 전에, 우리는 모바일을 겹겹이 둘러싼 수많은 기술들을 얼마나 벗겨내야 모바일의 핵심에 도달할 수 있을지 고민했다. 우선 비주얼 디자인 프로세스로 되돌아갔고 거기서 어떤 UX(사용자 경험) 툴이 사용됐는지 살폈다. 소프트웨어 개발 코드를 해석했고 칩과 지리적 위치를 인식하는 프로그램 등 아이폰이나 안드로이드 하드웨어의 기능들이 어떻게 작동하는지 연구했다. 이 외에도 많은 일을 했다. 최근에는 애플 와치와 헬스키트, 그리고 아마존 알렉사를 소개하는 기술 강의를 진행했다. 이 강의에서 수강생들과 애플 와치, 헬스키트 그리고 아마존 알렉사의 기술적 특징들을 세세히 살폈다. 이렇게 모바일 기기와 웨어러블 기기가 나온 지 얼마 지나지 않았을 때, 우리는 모바일 기기와 웨어러블 기기의 기술적 특성을 이해하고자 노력하고 고민했다. 이제 우리는 AI를 두고 이런 노력과 고민을 하고 있다. 이런 논의와 고민이 AI를 최대한 효과적으로 활용하는 방법, 시기 그리고 장소에 관한 전략적이고 창의적인 논의의 기반이 될 것이다.

이 책은 AI의 개발 과정에 관한 논의로 시작하지 않는다. 그리고 이 책을 쓰면서 나는 특정 AI 기법을 직접적으로 사용하지 않았다. 대신 말 그대로 AI를 책의 공동저자로 참여시켰다. 나의 이러한 AI에 대한 접근법은 근본적인 의문에서 시작되었다. 특정 AI 기법으로 무엇을 할 수 있으며, 그것이 이 책을 쓰는 데 어떻게 도움이 될까? 이 의문을 염두에 두고, 나는 다양한 AI 응용 프로그램 인터페이스를 사용하려고 노력했다.

AI는 특정 주제에 대해 의견을 제시하고 그 주제와 관련 있는 콘텐츠를 제안하고 예측해냈다. 그리고 다양한 언어로 작성된 참고 문헌을 번역했고 요약하거나 문장을 분석하고 문장의 구조와 의미를 해석해냈다. 책을 검토하는 단계에서는 AI로 전체적인 스타일, 어조, 분의기 등의 일관성을 확인했다. 텍스트에 숨겨진 메시지, 특성 그리고 가치 등을 분석하고 요약하는 데도 AI를 사용했다. 내가 AI로 이 책을 쓴 방법을 하나하나 열거하면 끝이 없을 것이다.

이 책을 쓰면서 활용한 AI 기법 혹은 "에이미"는 단일 기술이라기보다는 여러 기술의 집합체라 할 수 있다. 대부분이 소스 프로그램이 공개된 오픈소스 기술이고 각 기술은 다른 콘셉트, 접근법 그리고 기반시설을 바탕으로 개발되었다. 이 책의 공동저자인 에이미는 AI와 자연어 처리, 자연어 이해, 그리고 자연어 생성 응용프로그램 인터페이스와 같은 머신러닝 기법이 활용된 다양한 전문가 시스템을 이용했다. 가령 이 기법들 덕분에 에이미는 핵심어, 핵심문구, 핵심 아이디어 그리고 요청을 파악하고 이해하고 응답할 수 있었고 경험과 논리를 인지하고 이해할 수 있었다.

이 책을 쓰는 동안 이용한 AI 기법에는 기본적으로 3가지 특징이 존재한다. 바로 음성인식, 콘텐츠 이해 및 요약, 그리고 콘텐츠 구축 및 생성이다. 음성인식과 지속적인 받아쓰기 기능이 인간과 시스템의 상호작용을 가능하게 한다. 이때 음성-사용자 인터페이스(voice-user interface, VUI)가 사용된다. VUI는 발화를 문자로 전환하거나 문자를 발화로 전환하고 음성 편집, 서식 작성, 철자 확인, 그리고 문서 공유 등의 기능을 수행한다. AI의 콘텐츠 이해 및 요약 기능은 데이터베이스, 기사나 연구문헌을 검토하고 컴퓨터가 빠르게 이해할 수 있는 콘텐츠로 축약한다. 이때 정서 분석, 레이블링

(labelling)* 그리고 문맥을 바탕으로 차원 높은 콘셉트의 구성 등이 사용된다. 마지막으로 AI의 콘텐츠 구축 및 생성 기능은 콘텐츠 창작 프로세스를 지원하는 콘셉트와 아이디어를 개발한다. 사람이 글을 쓰는 과정을 모방하도록 AI 알고리즘을 설계한 것이 글의 아이디어를 얻고 제목을 정하고 콘텐츠를 선택하고 초안을 작성하는 데 도움이 되었다.

기술적 논의지만, 기술 아키텍처의 관점에서 대다수의 응용 프로그램 인터페이스는 클라우드 환경에 배치된다. 다시 말해 응용 프로그램 인터페이스에는 공급된 인스턴스(instances)**나 응용 프로그램을 통해 접속할 수 있다. 이렇게 클라우드 환경에 존재하는 응용 프로그램 인터페이스에 접근해서 생성, 구축, 요약, 그리고 조사와 콘텐츠 강화를 위한 알고리즘을 불러낸다. 참고로 콘텐츠 강화는 콘텐츠 데이터베이스에 접속해야 가능한 작업이다. 응용 프로그램 인터페이스는

---

* 바빈스키가 발견한 신생아의 선천적 반사. 발바닥을 가볍게 긁으면 발가락이 위쪽으로 부채살처럼 펴지는 반응이다. 보통 생후 6개월 이후 서서히 사라진다. 바빈스키 반사는 신생아의 생존과 관련이 없는 비생존 반사이나, 영아의 신경학적 정상 여부를 판단하는 좋은 지표가 된다.

** 같은 클래스에 속하는 개개의 객체로, 하나의 클래스에서 생성된 객체를 말한다. 즉 클래스가 구체화되어, 클래스에서 정의된 속성과 성질을 가진 실제적인 객체로 표현된 것을 의미한다. 이때 추상적인 개념인 클래스에서 실제 객체를 생성하는 것을 인스턴스화(instantiation)라고 한다.

여러 층으로 구성되어 있다. 이 덕분에 보다 종합적인 결과물을 얻을 수 있다. 이것은 소위 '다발 엔진' 접근법이다. 이 다발 엔진 접근법은 AI 공학이 각각의 AI 기법이나 기술보다는 목적에 집중하고 있음을 보여준다. AI 개발의 목적은 어떤 솔루션이나 기술이 아니고 사람이다. 그러므로 항상 사람에 최우선 순위를 두고 AI를 개발해야 한다.

창조는 높은 차원의 인간 활동이다. 이런 창조 활동에 AI를 활용한다면? 이런 생각은 큰 논란을 일으킬 수 있다. 하지만 실제로 AI는 혁신을 촉진하고 독창성을 강화할 수 있다. 이 책은 대화형식으로 전개된다. 아이러니하게 나는 AI와 AI에 대해서 대화를 한다. 이 대화를 통해 인간이 스스로 해결할 수 없는 문제를 해결하거나 보다 신속하게 해결할 수 있도록 돕는 기술인 AI가 어떻게 불가능해 보이는 일들을 해내는지를 이해할 수 있을 것이다.

이 책은 따분한 일에는 시간을 덜 쓰고 좋아하는 일에 시간을 더 쓰고 싶은 이들과 작업의 효율성을 높이기 위해 더 스마트하게 일하고 싶은 이들을 위한 책이다. 어른 아이 할 것 없이 그리고 기술 수준에 상관없이 모두를 위한 책이라 할 수 있다. 더 성공하고 싶은 이들은 이 책을 읽기를 바란다. AI는 민주화의 동력이다. 그리고 나아가 모두가 자신의 목표를 달성하도록 도울 것이다.

제발 이 책을 끝까지 읽길 바란다. 물론 전문적인 내용이 한두 군데 나올 수 있다. 장담컨대, 이 책은 '기술'에 관한 책이 아니다. 이 책은 당신과 당신이 기술로 성취할 수 있는 일들에 관한 책이다. 마음을 굳게 먹고 이 책을 끝까지 읽어낸다면, 실행 가능하고 실질적인 비즈니스 기회를 얻고 값진 경력을 쌓아 개인의 발전을 달성할 수 있을 것이다.

서문

나는 밀워키에서 어린 시절을 보냈다. 어렸을 때 나는 애완 비둘기를 키웠다. 오해하지 마시길. 록산느는 평범한 비둘기가 아니었다. 무려 레이싱 대회 우승자였다. 록산느는 아름다운 푸른 깃털을 지닌 순수 혈통의 암컷이었다. 그녀의 밴드 번호는 2803이다. 비둘기 레이싱에서 밴드는 아주 중요한 역할을 한다. 그러니 이 밴드의 존재를 기억해두길 바란다.

레이싱 대회에 참가한 록산느와 다른 비둘기들은 어김없이 집으로 돌아왔다. 나는 이것이 항상 신기했다. 레이싱 대회 기간 동안 매주 주말마다 특수 트럭이 레이싱 비둘기들을 집에서 수백 마일 떨어진 곳으로 날랐다. 바로 그 곳에서 사람들은 레이싱 비둘기들을 한꺼번에 하늘로 날려 보냈다. 바로 이 순간이 레이싱이 시작되는 순간이었다. 설령 비둘기를 좋아하지 않더라도, 수많은 비둘기들이 한꺼번에 하늘로 날아오르는 광경은 그야말로 장관이었다. 수많은 경주마들이 켄터키 경마나 그랜드 내셔널에서 문을 박차고 내달리는 모습을 보는 것 같았다.

아버지는 경주 내내 록산느와 함께 달렸다. 록산느가 그 먼 곳에서 집으로 돌아오는 길을 어떻게 찾는지 궁금해 하면서, 나는 집에서 그녀를 기다렸다. 아마 록산느는 집에 오는 길에 뇌우, 매 그리고 비행기 등 수많은 장애와 마주쳤을 것이다. 어떤 난관을 만나더라고 록산느는 어김없이 집으로 돌아왔다.

그렇다면 밴드는 왜 중요할까? 모든 레이싱 비둘기의 발목에는 밴드가 묶여 있었다. 단지 비둘기가 먼 곳에서 집을 찾아오는지 보기 위해서 비둘기 레이싱 대회가 열리는 것이 아니었다. 그들이 도착하면, 레이싱 비둘기의 발목에서 밴드를 풀고 그 밴드에 타임스탬프를 찍는 것이 나처럼 집에서 기다리는 사람들이 해야 할 일이었다. 이때 옛날 신용카드 각인기처럼 생긴 특별한 기기가 사용되었다.

일단 비둘기가 도착하면, 나는 그때부터 '창의력'을 발휘해야 했다. 나는 록산느를 잡아서 발목에서 밴드를 떼어낼 방법을 찾아야 했다. 이 단계에서 레이싱의 승패가 결정될 수 있었다.

　나는 록산느가 이런저런 씨앗을 튀겨서 만든 팝콘을 좋아한다는 사실을 알고 있었다. 이것이 바로 우리 집의 경쟁력이었다. 이 팝콘으로 록산느를 땅에 내려앉도록 유인했다. 그리고 록산느가 팝콘을 먹느라 정신이 없는 찰나의 순간에 그녀를 잡아서 발목에서 밴드를 떼어냈다. 밴드를 떼어내자마자 아버지와 나는 비둘기 클럽으로 내려가서 최종 목적지에 도착한 시간을 계산하는 수학 알고리즘을 풀었다. 그 결과로 우승 비둘기가 결정되었다. 위스콘신에서 자란 어린아이에게 이 비둘기 레이싱 대회가 가장 경쟁적인 스포츠였다.

　기회가 되면, 비둘기의 부리를 한 번 봐라. 비둘기의 부리에 난 작은 하얀 송이가 눈에 띌 것이다. 이 송이에는 철분이 대단히 많이 함유되어 있다. 과학자들은 이 송이가 지구의 자기장에 반응하고 비둘기의 내부 나침반 역할을 한다고 믿는다. 비둘기는 동물 왕국에서 잘 알려지지 않았지만 대단히 비범하고 놀라운 생물이다. 비둘기는 몇 분 만에 20마일을 날 수 있다. 시속 92마일까지 속도를 낼 수 있고 하루에 700마일을 날수도 있다. 비둘기는 26마일 이상 떨어진 물체도 볼 수 있다. 심지어 비둘기가 55일 동안 7,000마일을 날았다는 기록도 있다.

기원전 8세기, 그리스인들은 올림픽 경기결과, 전투승패 등 여러 소식을 많은 도시 국가에 전하기 위해서 비둘기를 사용했다. 비둘기가 메신저였다니 얼토당토않게 들릴지도 모른다. 하지만 사람이 소식을 전하려면 몇 날 며칠을 달려야 했다. 마라톤 평원과 아테네는 겨우 26마일 떨어져 있었지만, 마라톤 전투에서 페르시아의 패배 소식이 아테네까지 전해지는 데 하루 종일이 걸렸다. 마라톤 평원에서 아테네까지 달려온 병사는 아테네에 도착하자마자 소식을 전한 뒤 체력고갈과 열사병으로 사망했다. 하지만 비둘기는 마라톤 평원에서 아테네까지 단 몇 시간 만에 소식을 전할 수 있었다.

　도대체 인공지능에 대해 논하면서 왜 비둘기 이야기를 꺼내는지 궁금할 것이다. 비둘기 이야기를 통해 인류가 아주 옛날부터 지능을 지닌 다른 존재를 이용해서 타고난 능력의 한계를 극복하고 향상시켰음을 알 수 있다. 초기 사회는 동물의 육체적 특징과 정신적 특징을 활용하기 위해서 가축을 기르기 시작했다. 오늘날에는 컴퓨터, 구체적으로 말해서 인공지능은 인간의 능력 혹은 역량을 초인적인 능력을 지닌 '슈퍼휴먼'의 영역으로 확장시키고 있다. 이것이 바로 '슈퍼휴먼 이노베이션(superhuman innovation)'이다.

　현재 인간은 과거 동물의 육체적 특징과 정신적 특징을 이용했던 것처럼 컴퓨터를 활용하고 있다. 컴퓨터로 타고난 역량을 보완하거나 확장시키기도 하고 반복적이거나 위험하거나 힘든 일을 처리한다. 이것이 인공지능이 인간의 능력을 강화시켜 초인적인 혁신을 이뤄내 기업, 사회 그리고 개인을 완전히 바꿀 가능성을 실현하는 토대가 된다.

역사적으로 가장 위대한 혁신가들은 완전한 변화를 위해 예술을 대변하는 창의력과 논리를 대변하는 과학을 접목시켜왔다. 레오나르도 다빈치가 대표적이다. 그는 스스로를 예술가이자 과학과 기술을 연구하고 다루는 사람이라고 생각했다. 이런 관점에서 우리는 예술과 과학의 접목이란 측면에서 인공지능, 즉 AI를 살필 것이다. AI는 분명 비즈니스와 사회의 미래를 극적으로 바꿀 것이다. 하지만 AI가 어떻게 비즈니스와 사회에 영향을 미칠지는 불분명하다.

가끔 AI는 이 시대의 새로운 전력으로 일컬어진다. AI는 전 세계 모든 산업에 혁명을 일으키고 있고 노동에 대한 우리의 근본적인 시각을 바꾸고 있다. 이 책은 AI를 도입했을 때 업무방식과 업무환경이 어떻게 극적으로 개선되는지 그리고 기업이 혁신을 달성하고 경쟁 우위를 확보하는 방식이 어떻게 바뀌는지를 보여줄 것이다. 그리고 이 책이 AI와 머신러닝이 혁신을 어떻게 창조해내는지 그리고 기존의 제품,

서비스와 콘텐츠를 어떻게 혁신적으로 바꾸는지를 보여줄 것이다.

들어가며: 제2의 마음

　　　　　　　　　2살 무렵, 아이들
에게 놀라운 일이 일어난다. 이 시기에 아이들은 자신들처럼
타인에게도 생각과 감정이 있음을 깨닫고 이해하기 시작한
다. 이것은 '마음이론의 제2단계'다. 마음이론은 개인이 타인
의 신념, 의도, 바람, 감정이 자신과 다르다는 것을 이해하고
받아들이는 능력에 관한 이론이다. 지금 우리는 이와 유사한
깨달음의 순간을 맞이하고 있다. 다시 말해 지금 인공지능을
통해 마음이론을 경험하고 있다. 인공지능은 제2의 마음이
다. 이 제2의 마음이 우리의 능력과 지능을 상상 이상으로 확
대하고 촉진시킬 것이다.

　학업 성취도를 높이고 스포츠 경기에서 탁월한 실력을 발
휘하고 사업에 성공하며 무엇보다 더 오래 그리고 더 충만하
게 살기 위해서 우리가 초인적인 힘을 이용할 수 있다면 어

떨까? 초인적인 힘은 모두에게 경쟁 우위가 될 것이다. 그러니 그 누가 이런 초인적인 힘을 마다할까? 이 책은 AI의 가능성을 둘러싼 마법을 풀고 AI의 미스터리를 벗겨내 실용적인 전략으로 전환한다. 그리고 비즈니스 혁신과 완전한 변신을 위해 AI를 이용할 수 있는 마음가짐을 가질 수 있도록 돕는다.

슈퍼 프레임워크는 속도, 이해, 성과, 실험 그리고 결과로 이뤄진다. 이것은 AI의 5가지 핵심 요소이다. 앞으로 이 책에서 각 요소에 대해서 논하고 분석하고 토의할 것이다.

난 누군가의 아버지이자 남편이고 아들이자 형제다. 지금은 어도비에서 꿈에 그리던 일을 하고 있다. 이 책을 읽고 있는 당신처럼 나 역시 하루하루 정신없이 바쁘게 산다. 그래서 책을 쓰겠다는 생각 자체가 나에게도 엄청난 도전이었다. 하지만 '행동으로 보여주자'를 삶의 신조로 삼고 있는 나다. 나는 AI를 이 책의 공동저자로 선택했고 AI와 대화하듯이 써 내려갔다. 이 덕분에 책을 완성하는 데 상당한 시간을 절약할 수 있었다.

AI가 우리에게 초인적인 힘을 제공하는지를 보여주는 하나의 상징으로 그리고 내가 이 책을 쓰는 목적을 위해, 나는 AI에게 '에이미(Aime)'라는 이름을 붙여줬다. '사랑받는'이란 의미의 프랑스어 'bien aime'에서 아이디어를 얻었다. 우연히도 에이미는 'AI+me' 처럼 AI와 '나'를 뜻하는 영어단어 'me'가 결합된 단어다. 에이미는 이 책의 목표를 보여준다. 나는 이 책을 통해 AI가 당신이 총애하는 공동 창작자이자 나아가 지능적인 개인 어시스턴트가 될 것임을 보여주고 싶다. 이것이 내가 이 책을 쓴 목표다.

에이미는 인류가 AI와 맺기 시작한 역할과 관계를 설명한다. 아마존 알렉사, 보트, 쉬리 그리고 여타 음성인식 어시스턴트 등 지능형 어시스턴트가 많이 등장했다. 이런 AI 시스템들이 앞으로 인간의 니즈를 예측하고 인간에게 영감을 주고 인간의 능력을 증폭시켜 인류 진보의 속도를 가속할 것이다. 이 책 속에서 에이미는 나에게서 배우고 나의 생각을 뒷받침할 아이디어를 제공한다. 그리고 자신의 생각을 표현하고 나의 니즈를 해석하며 적재적소에 유머 감각도 발휘한다. 이것은 '좁은 AI*'가 얼마나 진보했는지를 보여준다.

미래는 우리를 기다려주지 않는다. 그러니 더 이상 시간을 낭비하지 말자. 지금 당장 이 책을 펼쳐라. 어떤 이야기가 전개될지 궁금한가? 여기 예고편이 나가신다. 이 책은 '제1부 인공지능의 기반', '제2부 인공지능의 활성화' 그리고 '제3부

---

* 인간이 설계한 알고리즘에 따라 한 가지 기능을 완벽하게 수행하는 인공지능을 말한다.

인공지능의 미래'로 구성된다.

° 제1부: 인공지능의 기반

혁신의 미래에 오신 것을 환영한다. 10~15년 마다 이 세상에는 판을 완전히 뒤엎는 혁신적인 기술 플랫폼이 등장한다. 데스크톱 컴퓨터와 출판 혁명을 생각해보자. 이 두 혁신 덕분에 누구나 인터넷을 통해 정보를 생성하고 정보에 접근할 수 있게 되었다. 바로 뒤를 이어 모바일 기기가 등장했다. 이제 도처에 모바일 기기가 존재한다. 모바일 기기 덕분에 콘텐츠를 주고받는 일이 아주 쉬워졌다. 이로 말미암아 데이터의 양이 폭발적으로 증가하면서 클라우드 스토리지가 필요해졌다. 그리고 사람들은 이 방대한 정보 또는 '데이터 배기가스(data exhaust)'를 이용하기를 원했다. 이런 바람이 AI의 개발을 가속화시켰다. 참고로, 데이터 배기가스는 일종의 데이터로 온라인에서 사람들의 선택과 행동의 결과다.

다시 말해, 인공지능은 이 모든 데이터를 이해하는 툴이 필요해지면서 개발되었다고 할 수 있다.

AI는 무한한 잠재력을 지니고 있다. 그리고 주변 운영 시스템인 AI는 비즈니스 혁신으로 가는 미래의 길을 밝혀준다.

그래서 혹자는 AI의 발명을 전기의 발명에 비유한다. AI에는 제품, 서비스 그리고 경험을 창조하는 방식을 혁신적으로 바꿀 잠재력이 있다. 그리고 자동화를 촉진시켜 생산성을 향상시킬 것이다. 혁신가들은 항상 제품과 고객을 위한 기회를 창조해낸다. AI는 그들이 창조해낸 기회를 실현하는 데 엄청난 동력이 될 것이다.

알버트 아인슈타인은 이렇게 말했다. 지능이 있음을 보여주는 진짜 징후는 지식이 아니라 상상력이다. 이것은 이 책이 전하고자 하는 주요 메시지 중 하나다. AI의 경우, 지능을 평가하는 진정한 지표는 '지능적인 상상력'이다. 지능적인 상상력은 보다 많은 정보를 바탕으로 얻은 더 분명하고 실현 가능한 깨달음이다.

인공지능은 이 시대의 플랫폼이다. 기업은 혁신을 촉진하고 강화하기 위해 AI를 적극적으로 활용해야 한다. 현재 우리는 AI가 실질적으로 움직이는 시대에 살고 있다.

이 책은 AI를 탐구한다. 이를 통해 우리는 기술이 좋지도 나쁘지도 않다는 점을 깨닫게 될 것이다. AI는 하나의 도구일 뿐이다. 이 책은 AI의 트렌드를 논하지 않는다. 대신 어떻게 AI의 트렌드가 산업, 사회 그리고 문화 전반에 걸쳐 시의적절하고 개인화된 마법 같은 경험을 창조하여 혁신을 낳는지에 대하여 논할 것이다.

AI가 시의적절한 경험을 창조한다는 것이 무슨 의미일까? 현재의 문화계를 살펴보면, AI가 모든 것에 스며들고 있음을 알 수 있다. 드라마 웨스트월드와 영화 모건과 같은 할리우드 쇼와 영화를 생각해봐라. 웨스트월드는 AI가 움직이는 테마파크에 관한 드라마로 로봇이 주요 캐릭터를 연기한다. 모건은 흥미로운 영화다. AI가 주제일 뿐만 아니라 AI가 영화 예고편 제작에 사용되었다.

레이 커즈와일의 《마음의 탄생(How to Create a Mind)》은 AI에 관한 중요한 책이다. 이 책에는 AI의 현재와 미래 능력(혹은 기능) 그리고 아마존 알렉사와 애플 홈팟(Apple Homepod)과 같이 떠오르는 AI 기반 음성인식 어시스턴트가 등장한다. 게다가 자율주행차에 사용되는 모빌아이와 같은 AI 기술들이 마구 쏟아지고 있다. 참고로 모빌아이는 이 책에서 좀 더 자세히 다룰 예정이다.

제1장 변하는 비즈니스 환경: 고객의 행동과 기대

AI를 둘러싼 엄청난 기회를 보다 잘 이해하려면, 우선 변하는 비즈니스 환경부터 살펴봐야 한다. 사회가 완전히 변하고 있다. 디지털이 모든 산업, 사회 그리고 개인의 삶을 와해시키고 있다. 다양한 콘텐츠가 보다 많은 모바일 기기를 통해 이전보다 더 빨리 소비되고 있다. 사람들은 언제어디서나 인터넷에 접속할 수 있기를 바라고 이를 통해 개인적이고 결점 없는 완벽한 경험을 누릴 수 있기를 기대한다. 그들은 이러한 기대에 못 미치는 제품과 서비스를 용납하지 않는다. 이것이 디지털 전환(digital transformation)의 핵심이다. 기업은 이제 제품 중심의 비즈니스 전략에서 고객과 직원을 위한 경험 중심의 비즈니스 전략으로 전환해야 한다는 필요성을 깨닫고 있다.

제2장 디지털 전환: 메시지부터 경험까지

더 많은 고객을 유인하고 유지하기 위해서 최상의 경험을 반드시 제공해야 한다. 최상의 경험을 제공하기 위해서는 놀라울 정도로 유쾌하고 좋은 자극 혹은 영감을 주는 콘텐츠가 반드시 필요하다. 강렬한 경험은 사람들이 교류하고 여흥을 즐기고 일하고 세상과 소통하는 방식을 바꾼다. 개인과 개인의 관계, 가족관계, 교우관계 그리고 동료들과의 관계는 많은 경험을 제공하고 협업이나 소셜 미디어 활동도 경험을 제공한다. 그리고 개인과 집단의 관계, 기업과 고객의 관계, 기업과 기업의 관계, 교사와 학생의 관계, 정부와 시민의 관계, 예술가와 대중의 관계도 경험을 제공할 수 있다. 오늘날에는 충분한 데이터를 바탕으로 창조된 다양한 경험이 제공된다. 이런 경험들을 통해 사람들은 불필요한 잡음을 뚫고 관계를 맺고 서로에게 의미 있는 영향을 주고받는다.

제3장 무한한 데이터: 성과 개선

데이터는 경험을 강렬하게 만들고, 강렬한 경험은 혁신적인 비즈니스 성공으로 이어진다. 데이터를 잘 활용하면, 의미 있는 경험을 창조해낼 수 있다. 가령, 매일 250경 바이트의 데이터가 생성된다고 치자. AI는 이 방대한 데이터를 이용하여 지능적으로 소비자와 어떻게 소통할지를 결정하거나 어느 브랜드가 의미 없는지 판단하고 폐기할 수 있다. 이렇게 하면 어떤 마케팅 전략이 효과가 있고 없는지를 파악하기 훨씬 쉬워진다. AI의 데이터 분석은 깊은 통찰을 낳는다. 이 통찰은 기존의 경험을 개선하고 더 아름답고 강렬하게 만들어 새로운 미래 경험을 창조해낸다.

AI에 관한 논의의 핵심은 '기술'이 아니다. 생생하고 예상치 못한 경험을 창조하는 데 기술이 어떻게 활용될 수 있는지에 대한 고민이다. AI, 머신러닝과 딥러닝이 기계를 혁신의 필수요소로 만들고, 슈퍼휴먼 이노베이션의 영역으로 진화시키고 있다.

제4장 기반시설: 기반의 필요성

새로운 기술이 자리를 잡으려면 기술적 기반과 조직적 기반이 마련되어야 한다. AI의 잠재력과 가치의 실현에도 기술적 기반과 조직적 기반은 필수다. 기반시설은 다음의 5개의 층으로 구성된다.

1. 네트워크

2. 서비스와 디스크 드라이브 등 하드웨어

3. 데이터 모델

4. 데이터베이스

5. 응용 프로그램

그리고 무엇보다 여기에 AI가 도입되어야 한다.

기술은 미래에도 사용할 수 있고 확장성이 있고 활용도가 높아야 한다. 그리고 예비 자원이 필요하고 재난 복구가 가능해야 하고 성능도 높아야 하며 가상화되어야 한다. 참고로 확장성을 높이려면 데이터베이스를 현명하게 선택해야 한다.

° 제2부: 인공지능의 활성화

제5장 인공지능: AI 혁명의 정의와 배경

1980년대까지 학교에서는 컴퓨팅 '기술'을 가르쳤다. 그러나 요즘은 기술을 가르치는 것이 아니라 컴퓨터나 소프트웨어와 같은 기술을 학습에 활용한다. 수학 문제를 전략적으로 풀기위해서 아이패드가 사용되거나 독서학습을 위해 스마트보드가 사용된다.

인공지능도 컴퓨터와 소프트웨어와 같은 기술과 유사한 단계에 와 있다. 다시 말해, 우리는 지금 AI 기술을 배우는 것이 아니라 실제로 활용하고 있다. 그러므로 이 책은 인공지능의 기술적 측면을 다루지 않는다. 대신 인공지능이 어떻게 그리고 어디에 사용될 수 있는지 그리고 비즈니스 문제의 해결에 어떻게 활용될 수 있는지에 집중한다. AI는 마에스트로나 작곡가다. 마에스트로와 작곡가는 자신들의 오케스트라에 소속된 악기의 특성을 정확하게 파악한다. 하지만 그들이 모든 악기를 연주할 수 있어야 한다거나 악기가 어떻게 탄생했고 제작되는지를 알고 있어야 하는 것은 아니다. 그들의 역할은 모든 악기가 조화롭게 연주되도록 만드는 것이다. AI도 여러 기술이나 기기들이 조화롭게 기능하도록 조정하고 조율한다.

이것이 이 책에서 우리가 논의하려는 주제다. 우리는 비즈니스 전략의 측면에서 인공지능을 살펴볼 것이다. 고객과 소비자는 AI의 기술적 특성에는 관심이 없다. 단지 AI로 무엇

을 할 수 있고 AI가 사람과 기업에 어떻게 유용한지를 알고
싶을 뿐이다.

제6장 슈퍼 프레임워크: 슈퍼휴먼 전략

요즘은 대체로 비슷한 수준의 제품이 비슷한 가격에 제공
된다. 이런 환경에서 최상의 경험을 제공하는 것이 새로운
마케팅 전략이자 경쟁 우위가 되었다. AI는 기업이 데이터를
활용하고 개인적이고 고객이 원하면 언제든지 가질 수 있는
경험을 창조하고 제공할 수 있도록 돕는다. 이외에도 AI를
비즈니스에 활용하면 수많은 일들이 가능해진다.

슈퍼 프레임워크(Super Framework)의 '슈퍼'는 속도(Speed),
이해(Understanding), 성과(Performance), 실험(Experimentation)
그리고 결과(Results)를 의미한다. 여기서는 이 5가지 요소를
중심으로 AI가 어떻게 비즈니스 혁신을 가능케 하는지 살펴
볼 것이다.

- 속도(업무 프로세스를 촉진한다)

- 이해(데이터에서 통찰을 얻고 완전히 익힌다)

- 성과(제품과 서비스를 개인의 니즈에 맞게 전달한다)

- 실험(재발명과 피드백의 반복적인 프로세스를 가능하게 한다)

- 결과(실질적이고 평가할 수 있고 최적화된 결과를 제공한다)

제7장 속도: 업무 프로세스의 촉진

AI는 비즈니스 효율의 개선을 도울 것이다. 제조부터 아이데이션(ideation)*, 콘텐츠 생성 그리고 내부 프로세스에 이르기까지 모든 비즈니스 프로세스의 속도를 높인다. 전반적인 비즈니스 프로세스의 속도가 개선되면, 소비자는 보다 빠른 서비스를 제공받고 제품을 보다 빨리 받아볼 수 있다.

제8장 이해: 데이터 통찰

인공지능은 아이데이션, 캠페인, 서비스봇, 응용 프로그램, 어트리뷰션(attribution)** 그리고 전달 등 여러 영역에서 혁신을 촉진시킬 것이다. 여기서는 여러 가지 사례를 통해 어떻게 AI가 고객에 대한 깊은 이해를 통해 경험을 개선하고 강화하는지를 살펴볼 것이다.

제9장 성과: 평가와 최적화

데이터와 콘텐츠의 양이 폭발적으로 증가하고 있다. 따라

---

* 아이디어 생산을 위해 행하는 활동 혹은 아이디어 생산 자체를 뜻하는 광고 용어로, 아이디어를 구하기 위한 모임을 아이데이션 회의라고 한다.
** 특정성과(결과)에 기여한 광고매체(원인)를 결정하기 위한 기준 설정 및 분석 과정이다.

서 기업은 AI와 머신러닝을 받아들여 데이터세트에서 진정한 통찰을 얻어내야 한다. AI와 머신러닝으로 클라우드 컴퓨팅은 단순한 자동화 시스템에서 AI 기반시설에서 필수적인 요소로 진화할 것이다. 이는 예측적인 고객 분류와 더 개인화된 경험의 제공을 가능하게 할 것이다.

제10장 실험: 실행 가능한 호기심

요즘은 1990년대 중반과 비슷한 시대인 것 같다. 1990년대 중반, 인터넷에서 기회를 포착하고 비즈니스 문제를 해결하기 위해 도전한 기업들이 승승장구했다. AI를 두고 이와 유사인 일이 전개되고 있다. 하지만 AI를 시도하려면 체계적인 전략이 필요하다.

제11장 결과: 비즈니스 혁신

AI가 성숙해지면 수량적 평가가 더욱 용이해질 것이다. AI는 방대한 데이터를 신속하게 처리하고 그 결과를 바탕으로 추론을 해낼 수 있다. 이 덕분에 예측적인 애널리틱스가 가능하고 선순환 피드백 루프의 가치가 증가한다.

제12장 출발선

AI 프로젝트를 시작할 때 가장 먼저 생각해볼 문제는 어디서 시작하느냐다. AI 프로젝트를 시작하기 전에 해결해야 되는 문제와 누가 솔루션이 필요한지 정의해야 한다. 무엇보다 모든 단계에서 고객이 최우선이란 사실을 잊어서는 안 된다.

제13장 보안, 프라이버시, 그리고 윤리성

AI 보안에서는 2가지 측면을 고려해야 한다. 첫 번째, AI는 안전해야 한다. 여기서 어려움이 발생한다. 두 번째, AI로 오늘날 IoT와 기업이 직면한 최대 난제를 해결하고 전반적인 보안을 강화할 수 있어야 한다.

제14장 어제, 내일, 그리고 오늘

미래와 AI의 영향을 보다 잘 예측하기 위해서 제14장에서는 AI의 과거를 살펴볼 것이다. 공상 과학 소설에서 미래의 모습을 살짝 엿볼 수 있다. 이를 통해 우리는 AI가 성취하고 우리에게 전달하고자 하는 희망과 약속을 발견하게 될 것이다.

제15장 차세대 창의력: 인간 경험의 개선

AI가 모든 잠재력을 발현하고 전 세계가 안고 있는 심각한 문제를 해결한다면, 인류는 무엇을 할 수 있을까? AI를 활용하면 인간은 비즈니스와 세상을 위해 긍정적인 창의력을 완전히 발휘할 수 있을 것이다.

제16장 AI와 미래: 완전히 바뀐 세상

마지막으로 비즈니스와 소비자의 힘은 AI의 궤도와 성공 여부를 결정할 것이다. 여기서는 AI가 하나의 도구임을 이해하는 것이 중요하다. 그리고 AI가 예술을 대변하는 인간의 창의력과 논리를 대변하는 과학을 하나로 묶고 선한 목적을 위해 사용할 것이다. 이렇게 예술과 논리가 만나면 마법 같은 경험이 생겨나고 비즈니스와 사회의 혁신이 촉진될 것이다. AI로 얻을 수 있는 혁신의 기회는 무한하다. 이 책이 AI가 가져올 혁신의 기회를 이해하고 찾는 데 도움이 되기를 바란다.

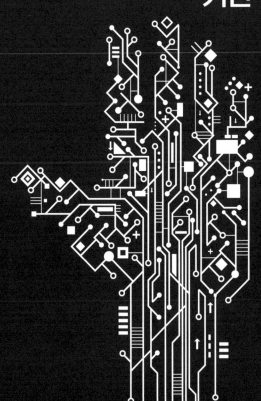

제1부

인공지능의
기반

제1장

변하는 비즈니스 환경

: 고객의 행동과 기대

크리스 에이미씨, 어서 오세요. 현실세계에 오신 것을 환영해요.

에이미 크리스씨, 안녕하세요. 오늘 하루 어떻게 보내셨나요?

크리스 별일 없이 잘 보냈어요. 감사합니다. 정말 흥미진진한 시대인 것 같아요. 이 책을 한 번 보세요. 인공지능에 관한 책인 것 같잖아요. 그런데 인공지능이 아니라 이 새롭게 떠오르는 기술의 영향으로 생겨나는 문화현상을 다루고 있어요. 참 아이러니해요.

° 인간을 위한 기술

[에이미] 맞아요. 세상이 아무리 변하더라도 세상의 본질은 그대로인 법이죠. 궁극적으로 인공지능은 인간에게 도움이 되기 위해서 개발된 기술입니다. 그러므로 '인공지능이 인류의 삶을 풍요롭게 할 서비스, 제품 그리고 경험을 어떻게 제공할 것인가?'를 고민해봐야겠죠. 인공지능의 목표는 단지 더 스마트한 기계를 만드는 것이 아니랍니다. 더 스마트한 조직, 더 스마트한 사회 그리고 궁극적으로 더 스마트한 세상을 만드는 것이 인공지능의 목표죠.

하지만 아시다시피 10년 혹은 20년 뒤 인공지능과 이와 유사한 기술들, 예를 들면 사물인터넷(Internet of Things, IoT)*, 모빌리티와 로봇기술이 어떤 모습을 하고 있을지 예측하기란 쉽지 않아요. 아니, 불가능한 일인지도 몰라요. 불과 20년 전만해도 모바일 기기와 스마트폰이 지금처럼 흔해질 것이라고 그 누구도 상상하지 못했어요. 심지어 20세기 공상 과학 소설과 영화도 인터넷이 우리의 일상을 이렇게 폭발적으로 파고들 것이라고는 예상하지 못했죠.

---

* 사물에 센서를 부착해 실시간으로 데이터를 인터넷으로 주고받는 기술이나 환경을 의미한다.

크리스 그런 의미에서 지난 몇 년 동안 휴대폰이 우리 모두에게 미친 극적인 영향을 살펴볼 필요가 있어요. 그러면 기술 덕분에 우리의 일상이 어떻게 변했는지 알 수 있죠. 플립폰은 전화통화만 가능했어요. 그런데 눈 한 번 깜짝했더니, 고화질 스크린에 인터넷 접속이 가능한 고성능 컴퓨터가 한 손에 쏙 들어와 있네요.

요 며칠 전에 슈퍼마켓에 갔었어요. 정말 많은 사람들이 모바일 기기를 사용하느라 정신이 없더군요. 모바일 기기로 다른 상점과 물건 값을 비교하는 사람들, 모바일 기기로 다른 사람들에게 모두 들리도록 가족들에게 필요한 생필품이 뭔지 물어보는 사람들, 그리고 쇼핑을 마치고 집에 타고 갈 우버를 예약하는 사람들도 있었습니다.

모바일 기기가 우리의 쇼핑 경험을 바꿨죠. 어찌 보면 어도비 랩스(Adobe Labs)는 여기서 아이디어를 얻어 어도비 센세이(Adobe Sensei)라는 기술을 개발했습니다. 어도비 센세이는 어도비의 인공지능 및 머신러닝 프레임워크로 디지털 환경에서 발생하는 문제를 해결합니다. 예를 들어, 어도비 센세이는 매장에서 소비자의 이동 동선을 실시간으로 추적하

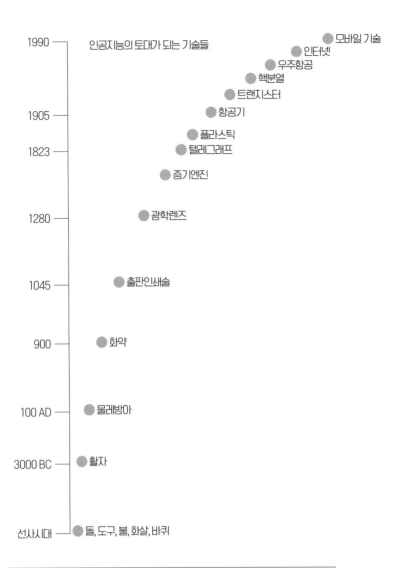

1990 — 인공지능의 토대가 되는 기술들 ● 모바일 기술
● 인터넷
● 우주항공
● 핵분열
● 트랜지스터
1905 — ● 항공기
● 플라스틱
1823 — ● 텔레그래프
● 증기엔진

1280 — ● 광학렌즈

1045 — ● 출판인쇄술

900 — ● 화약

100 AD — ● 물레방아

3000 BC — ● 활자

선사시대 — ● 돌, 도구, 불, 화살, 바퀴

기술의 역사
어썸 사이언스, www.tech-stress.com/1-2-history

고 해석해서 소비자의 쇼핑 습관과 정보를 알아낼 수 있습니다. 어도비 센세이는 쇼핑객들이 주로 구매하는 제품, 그들의 인구통계학적 정보와 지출 규모 등을 알려줍니다. 식품점에 들어가서 야채코너로 이동하는데, 지난주에 구입한 쿠키

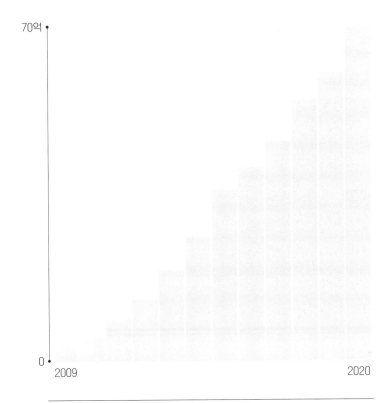

모바일 기기의 증가
에릭슨 앤 튠 포케스트

를 할인 판매한다는 알림 문자가 왔다고 칩시다. 그러면 사람들은 일단 과자코너로 가서 쿠키를 쇼핑카트에 추가하고 나서 쇼핑을 이어나갈 겁니다.

에이미 맞아요. 모바일 기기는 우리의 일상생활에 아주 깊이 파고들고 있습니다. 그리고 갈수록 영향력이 커지고 있어요. 2018년 하루 동안 미국 성인들이 비음성 모바일 매체를 이용하는 시간은 거의 3시간 30분에 달했습니다. 그리고 모바일 사용자의 57퍼센트가 아침에 눈을 뜨자마자 자신의 스마트폰을 확인한다고 응답했습니다.

크리스 요즘 사람들은 잠시잠깐도 스마트폰을 손에서 놓지 않습니다. 이를 뒷받침하는 통계도 있습니다. 사람들이 일상 생활에서 스마트폰을 어떻게 사용하고 있는지 볼까요. 끊임없이 스마트폰으로 정보를 찾고 소셜 미디어를 이용합니다. 여행이라도 가면, 사람들은 스마트폰으로 모든 순간을 기록하고 인스타그램, 핀터레스트와 페이스북에 사진과 동영상을 실시간으로 업로드하느라 바쁘죠.

이보다 모바일 기기가 가져온 직장 내 변화가 더욱 흥미롭습니다. 슈퍼마켓 사례로 다시 돌아가죠. 트레이더조는 '라인 버스터'라는 모바일기기로 계산 속도를 높입니다. 그리고 애플은 최초로 매장에서 고객이 자기 아이폰으로 물건이나 서비스값을 직접 계산을 할 수 있도록 했죠. 그래서 애플 상점에서는 계산대나 계산을 하려고 줄을 서서 기다리는 사람을 좀처럼 볼 수 없습니다.

에이미 요즘 사람들은 장소와 시간에 구애받지 않고 인터넷에 접속합니다. 스마트워치, 스마트폰 그리고 웨어러블 기기가 사람들과 인터넷을 하루 24시간 연결하죠. 심지어 옷에 짜 넣으면 요구에 따라 색상과 패턴을 바꿀 수 있는 스마트 실에 대한 연구도 진행됐습니다.

모바일 기기의 인기 덕분에 관련 제품과 서비스의 매출이 계속 증가하고 있습니다. 2억 6,400만 명의 미국인들은 스마트폰을 하루에 120억 번 사용합니다. 딜로이트에 따르면, 올해 스마트폰 보급률은 82퍼센트이고 연령대별로 18~24세에서 93퍼센트로 가장 높은 스마트폰 보급률을 기록했습니다.

기업은 모바일 기술을 활용하여 직원과 고객에 제공하는 서비스를 개선하고 신뢰도를 높입니다. 이는 자연스럽게 수익 증대로 이어졌죠. 예를 들어, 소위 스마트공장은 무선통신기술을 활용하여 전 공정을 연결하고 데이터 변화에 맞춰

전 공정이 동기화되고 최적화되는 공장입니다. 딜로이트 인사이트에 따르면, 데이터의 실시간 활용은 스마트공장의 변화에 대한 반응성, 사전 대응력과 예측성을 높입니다. 그리고 조직은 데이터를 실시간으로 활용하여 운영상의 다운타임과 생산성을 저해하는 기타 요인들을 제거할 수 있습니다.

° 정보와 접근성의 민주화

크리스 기술이 사회에 미치는 영향에 대한 관점은 세대에 따라 다르죠. 요즘 18살들을 보세요(2000년 이후에 출생한 아이들이죠). 이 아이들이 태어날 때 이미 세상에는 모바일 기기, 소셜미디어, 유튜브 스타와 태블릿이 존재했죠. 이제는 웨어러블 기기까지 있어요. 이 아이들에게 기술은 현실이고 세계관을 형성하는 기반이에요.

디지털 기기에 능통한 이 세대는 세상을 바라보는 시각이 우리와 달라요. 언제든지 누군가 혹은 무엇인가와 손쉽게 소통할 수 있죠. 온라인으로 주문한 피자가 1시간 이내 집으로 배달되는 것은 이들에게 지극히 당연한 일이에요. 심지어 모바일 기기나 태블릿으로 자동차를 사죠. 이 세대는 모든 기술이 이렇게 편리할 것이라고 기대합니다. 이런 기대는 다른

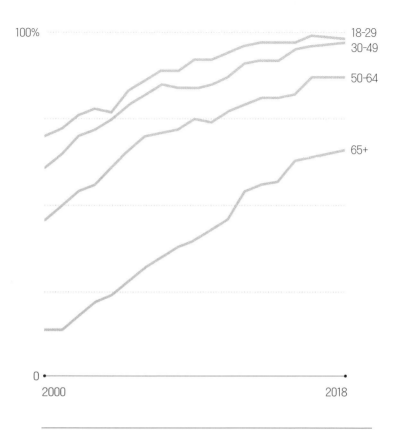

100%   18-29
                                                                        30-49

                                                                        50-64

                                                                        65+

0
2000   2018

연령별 기술 이용 유형

퓨 리서치센터. 2000~2018 조사. 이 기간 동안 실시된 모든 조사를 분석한 자료를
바탕으로 정리된 데이터

세대뿐만 아니라 비즈니스에서 후광효과를 발휘합니다.

에이미 처음에 인터넷은 정보를 민주화하고 정보에 대한 접근성을 높이겠다는 약속을 하면서 등장했습니다. 인터넷은 기술의 발달을 통해 이 약속을 지켜나가고 있죠. 아프리카를 한 번 보세요. 랩톱과 데스크톱 컴퓨터가 많이 보급되었죠. 지금 아프리카는 모바일 기기를 사용하고 인터넷망이 잘 갖추어진 대륙으로 사람들에게 알려지고 있습니다. 요즘 많은 분야에서 드론이 사용되고 있죠. 교통과 통신 기반시설이 발달되지 않은 지역에 이 첨단 모바일 기술을 활용해서 효과적으로 상품을 배달합니다.

예를 들어, 미국 드론업체 짚라인은 아프리카와 남아메리카의 벽촌에 드론으로 정말 필요하고 시급한 의약품을 배달하고 있습니다. 비즈니스 인사이더는 '아프리카는 드론의 사용에 대해 갈수록 관대해진다. 그리고 실제로 많은 분야에서 드론이 활용되고 있다. 카메룬, 모로코, 말라위, 남아프리카, 르완다와 케냐 등의 아프리카 국가들은 관광, 보건서비스와 전자상거래 분야에서 드론의 사용을 허용한다.'고 보도했어요.

인터넷은 무소부재입니다. 쉽게 말해서 인터넷은 어디에나 있어요. 인터넷의 이런 특성이 이동성과 결합하면서 소비자의 힘이 커졌습니다. 소비자는 단지 재화와 서비스를 소비하는 존재가 아닙니다. 사람이죠. 기업은 어떤 식으로든 고객에게 도움이 되는 제품, 서비스 혹은 경험을 제공해야만 합니다. 그렇지 않으면 더 이상 쓸모가 없는 존재가 되어 시장 점유율을 잃게 되겠죠. 우버와 에어비앤비를 한 번 보세요. 이 두 기업처럼 고객의 미충족 니즈를 충족시키는 것에 집중한 기업들이 제품에만 집중하고 고객 경험에는 전혀 관심 없는 전통적인 기업들을 아주 빠르게 앞지르고 있습니다.

° 끊김 없는 연결성

크리스 결국 장소와 시간에 구애받지 않고 항상 고객과 소통하는 기업이 등장했죠. 이들의 등장은 모바일 기기 등 모든 디바이스에 영향을 미쳤습니다.

대화의 수준을 한 단계 더 높여볼까요. 미디어를 소비하는 습관이 급격하게 변했습니다. 미디어는 TV광고만이 아닙니다. 소수의 방송사들이 만들어낸 광고를 중간 중간에 TV쇼에 끼워 넣던 시대는 이미 오래 전에 끝났습니다. 21세기 미디어는 진짜 사람과 소통합니다. 진짜 사람의 니즈를 파악하고 그들이 어떤 환경에 놓여 있는지를 고려하여 유의미한 경험을 제공합니다. 머지않은 미래에 가상 증강 현실의 영향으로 기업과 소비자의 관계가 더 변할 겁니다.

에이미 증강현실(Augmented Reality, AR)*이 소매업을 완전히 바꿀 것이라 생각하니 정말 신나요. 증강현실이 접목된 운영 시스템이 많이 등장했습니다. 요즘은 옷가게에 들어가서 스마트폰으로 티셔츠를 스캔하면 실제로 입어보지 않아도 그 티셔츠가 자신에게 잘 어울리지 안 어울릴지를 확인할 수 있죠. 아니면 식료품점에서 스마트폰으로 식료품을 비추면 그 식료품과 함께 간단한 요리를 만들 수 있는 다른 식재료 목록을 확인할 수 있습니다.

여기에 IoT가 빠질 수 없죠. IoT환경에서 스마트 기기들은 사용자의 니즈를 예측하고 유용한 제안을 합니다. 가령 스마트 기기가 목소리를 듣고 사용자가 매우 피곤한 상태라고 판단하면 커피 한 잔을 마시라든가 낮잠을 자라고 제안을 하는 것이죠.

그리고 의료용 IoT(Internet of Medical Things, IoMT)에서는 소형 변기가 자동적으로 대변이나 소변 샘플을 채취하여 사용자의 건강상태를 모니터합니다. 이 덕분에 의사는 환자의 건강상태를 매일 확인하고 더 심각해지기 전에 병을 조기 진단할 수 있어요.

---

* 현실의 이미지나 배경에 3차원 가상 이미지를 겹쳐서 하나의 영상으로 보여주는 기술이다.

크리스 그리고 이렇게 다양한 기술 덕분에 사람들의 관심을 사로잡는 것이 갈수록 쉬워지고 있죠. 점점 다양한 모바일 기술들이 사람들의 일상에 파고들고 있습니다. 사람들이 언제 어디서나 모바일 기기를 사용하면서, 여러 모바일 스크린과 플랫폼을 통해 사용자에 대한 정보를 아주 쉽게 획득할 수 있게 되었습니다. 게다가 증강현실, 웨어러블 기기와 음성 인식 기술 등 새로운 모바일 기술이 계속 등장하고 있습니다.

아마존 오더블 플랫폼을 한 번 보세요. 이 플랫폼을 이용하면 아마존 파이어TV에서 오디오북을 들을 수 있습니다. 그리고 지하철에서는 스마트폰으로, 공원의 나무 그늘 아래서 킨들로 오디오북을 들을 수 있죠. 이렇게 장소와 시간에 구애받지 않고 책을 읽는다면, 책 한 권은 눈 깜짝할 새 읽을 수 있습니다. 유기적인 아마존 생태계 덕분에 플랫폼의 종류에 상관없이 오디오북의 진행사항을 언제 어디서든지 확인할 수 있습니다. 심지어 응용 프로그램을 실행할 수 있는 기기라면 아마존 기기가 아니더라도 아마존 오더블 플랫폼을 사용할 수 있습니다.

° 기술의 이용

에이미 바로 그거에요. 사람들의 관심은 한정된 자원입니다. 그래서 소비자와 기업의 입장에서 시간을 절약하고 편리하며 빠른 기술은 투자할 가치가 있습니다. 로스앤젤레스와 뉴욕과 같은 대도시에 즐비한 고층건물에 걸려 있는 옥외 광고물을 보세요. 이런 옥외 광고물마저도 점점 스마트해지고 있습니다. 원격으로 메시지와 이미지를 프로그래밍할 뿐만 아니라 주변 환경에서 시각이나 청각적 신호를 받아들여 매순간 메시지와 이미지를 적절하게 바꿔서 내보냅니다.

그게 뭐가 대수냐고 생각되나요? 이런 기술 덕분에 직장과 일상의 경계가 무너지고 있습니다. 그 결과 긱 경제(gig economy)*라는 새로운 현상이 등장했죠. 긱 경제에서 사람들은 장소와 시간에 구애받지 않고 일할 수 있습니다. 여러 가지 일을 동시에 진행할 수도 있습니다. 긱 경제에서는 모바일 기기로 집, 해변, 공원이나 사무실 등 스스로 편하다고 생각되는 장소라면 어디든지 그 곳에서 일을 할 수 있습니다.

---

* 산업현장에서 필요에 따라 사람을 구해 임시로 계약을 맺고 일을 맡기는 형태의 경제 방식을 말한다. 노동자 입장에서는 어딘가에 고용돼 있지 않고 필요할 때 일시적으로 일을 하는 '임시직 경제'를 가리킨다.

이제 디지털 아티스트들은 장소와 시간에 구애받지 않고 개인 스마트폰이나 태블릿에 어도비 프로그램 등 응용 프로그램을 설치해서 2차원 그래픽과 3차원 그래픽을 만들고 심지어 애니메이션을 제작합니다. 덕분에 회사에 출근할 필요도 없습니다. 만약 3D프린터가 완전해지면, 어디서든 제품을 생산할 수 있게 될 것입니다.

크리스 모빌리티로 돌아가죠. 온라인 학습에서 어떤 변화가 나타나고 있을까요? 이제 개인의 니즈, 스케줄과 예산에 딱 들어맞는 커리큘럼을 짜는 것이 가능해졌습니다. 그리고 모바일 기술을 이용하면 언제 어디서든 학습활동이 가능하죠. 미국 온라인 교육 플랫폼 유데미와 같은 기업은 짧은 휴식시간, 점심시간과 업무 중간 중간에 짬이 날 때 볼 수 있는 바이트 크기의 짧고 간결한 학습자 맞춤형 콘텐츠를 제공합니다. 이 와해성 기술(disruptive technology)*이 학습 환경을 더 새롭고 깔끔하게 바꾸고 있습니다.

---

* 업계를 완전히 재편성하고 시장 대부분을 점유하게 될 신제품이나 서비스를 말한다.

° 협업

에이미 그럼 이제 협업에 대해서 이야기 해봐요. 협업은 여러 사람들이 하나의 팀을 이루어서 함께 프로젝트를 진행하는 것을 말합니다. 대규모 다중접속 온라인 게임(massively multiplayer online games, or MMOG)*을 보죠. MMOG에서는 수만 명의 사람들이 실시간으로 상대 플레이어와 게임 캐릭터와 상호작용하며 게임을 합니다.

로드블록, 마인크래프트, 포르테나이트 그리고 특히 세컨드 라이프가 대표적인 가상세계를 테마로 하는 온라인 게임입니다. 이 게임 속에서 플레이어들은 가상의 세상에서 가상의 삶을 삽니다. 그런데 심지어 여기서 번 돈을 실제 은행계좌로 송금할 수 있어요. 게임 속에서 아바타로 생계활동을 할 수 있는 거죠.

크리스 현실에서 직장과 일상의 경계가 무너지고 심지어 가상세계와 현실의 경계가 모호해지고 있다는 사실이 놀랍지 않나요? 전 세컨드 라이프에서 카페를 오픈하고 가상 종업

---

* 업계를 완전히 재편성하고 시장 대부분을 점유하게 될 신제품이나 서비스를 말한다.

원을 고용한 사람과 대화를 나눈 적이 있습니다. 그 사람은 지금 가상 비즈니스로 벌어들이는 수익으로 편안하게 살고 있어요.

인크 닷 매거진은 이러한 와해성 기술 때문에 S&P 500 기업 중 절반이 향후 10년 안에 사라질 것이라고 보도했습니다. 그러므로 기업은 생존과 번영을 위해 디지털화하는 새로운 현실을 받아들이고 거기에 적응해야 합니다. 나아가 디지털 기술을 비즈니스에 보다 효과적으로 접목시킬 방법을 배워야 하죠.

° 고객과 소통하는 디지털 마케팅

에이미 그렇습니다. 온라인 마케팅은 더 이상 기업 혼자서 떠들어대는 독백이 아니에요. 고객과 주고받는 일종의 대화죠. 디지털 기술의 발달로 구매 프로세스는 계속 변해왔습니다. 디지털 기술의 발달로 다중채널과 다중플랫폼이 생겼죠. 그 결과 고객 여정이 길고 복잡해졌습니다. 기업의 입장에서 이런 변화는 엄청난 도전이나 다름없었습니다. 왜냐하면 구매 프로세스와 고객 행동이 복잡해졌다는 의미거든요. 고객 소통과 마케팅은 이러한 새로운 현실을 반영하도록 진화해야만 합니다.

인터넷 광고는 간단한 배너광고에서 사람들과 소통하고 그들의 구체적인 니즈와 욕구를 공략하는 복잡한 소셜 플랫폼으로 진화했어요. 페이스북을 한 번 보죠. 페이스북은 이제 더 이상 단순한 소셜 플랫폼이 아닙니다. 미디어 아웃렛이죠. 이제 전 세계 수많은 사람들은 페이스북을 중심으로 온라인 활동을 합니다. 비슷한 모델링과 기법으로 아주 정확하게 메시지를 타깃팅할 수 있죠.

크리스 요즘 사람들은 어떻게 물건을 사는지 한 번 볼까요. 그럼 이것이 무슨 이야기인지 이해가 쉽게 될 것입니다. 제일 먼저 사람들은 인터넷에서 사고 싶은 물건을 검색하죠. 이때 후기를 확인하는 것도 잊지 않아요. 여러 웹사이트에서 물건의 가격, 품질, 스타일 등을 비교하고 매장에서 물건을 직접 눈으로 확인합니다. 그러고 나서 가장 저렴한 가격에 물건을 판매하는 온라인 쇼핑몰에서 최종 구매를 결정하죠. 그러면 드론이 구매한 상품을 집 앞까지 배달해 줍니다.

고객 여정은 기본적으로 발견, 시도, 구매, 사용, 그리고 재구매로 구성됩니다. 고객 여정이 이렇게 복잡한 단계로 구성되어 있기 때문에 딱 맞는 소프트웨어가 없으면 고객 경험(customer experience)[*]을 평가하고 개선하는 것은 정말 어렵습니다. 그렇다면 이 복잡한 구매 환경에서 가장 효과적인 광고를 통해 고객을 최종 구매 나아가 재구매로 유인할 방법은 무엇일까요?

에이미 여기저기 흩어진 데이터베이스를 활용하여 구매 프로세스에 대하여 전체적인 시각을 확보해야 합니다. 그리고 예측적인 애널리틱스를 이용하여 마켓플레이스의 다이내믹과 기회에 대한 통찰을 얻어야 합니다. 이를 위해서는 빅데이터라는 도전을 받아들여야합니다. 빅데이터에 대해서는 후반부에서 더 자세히 살펴보도록 하죠. 지금은 AI 프로젝트가 성공하려면 무엇보다 데이터가 있어야 하고 그 데이터에 접근할 수 있어야 한다는 점을 강조하고 싶네요.

크리스 맞아요, 에이미. 새로운 모바일 기술을 활용한 최첨단 기기들이 마구 쏟아지고 있습니다. 하지만 이 모든 것이 사람을 위한 기술이고 기기라는 사실을 잊어서는 안 됩니다. 항상 사람을 최우선시해야 합니다. 고객이 원하는 것이 무엇

---

* 정보 탐색, 구매, 사용, 사용 후 평가 단계에 이르기까지 고객과 브랜드(기업)이 만나는 모든 접점에서 고객들이 하는 경험을 말한다.

인지 그리고 고객이 원하는 것을 얻을 수 있도록 우리가 어떻게 도울 수 있는지를 진지하게 고민해야 합니다.

° 인공지능의 진정한 임무

`에이미` 여기서 반드시 기억해야 할 것이 있습니다. 지금까지 우리가 언급한 기술 중에서 그 무엇도 인간을 대체하기 위해서 개발된 것은 없습니다. 인간과 인공지능은 서로 힘을 합쳐 용감하게 새로운 세상을 만들어나갈 겁니다. 이게 어떤 세상인지에 대해서는 나중에 자세히 이야기하죠. 간단하게 이야기하면 사람들은 단조롭게 반복되는 지루하고 힘든 일상에서 자유로워져 타고난 창의력과 강화된 지능을 활용하는 세상이 올 겁니다. 저는 인간과 함께 이런 세상을 만들어나가는 것이 바로 인공지능이 완수해야 할 진정한 임무라고 생각해요.

제2장

디지털 전환
: 메시지부터 경험까지

크리스 디지털 기기와 연결된 고객과 와해성 기술에 대해 살펴봤습니다. 이제 새로운 경험을 창조해야 할 필요성에 대해서 이야기해보죠.

에이미 제가 인간이 아니란 사실을 잊지 마세요. 경험은 저에게 다소 추상적인 개념입니다. 경험의 사전적 정의는 알고 있어요. 하지만 그 쓰임새를 모르겠어요. 전 경험을 경험한 적이 없어요.

크리스 훌륭한 지적이에요. 에이미가 사람이 아니란 사실을 상기시켜줘서 고마워요.

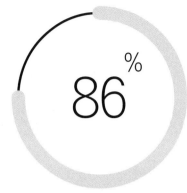

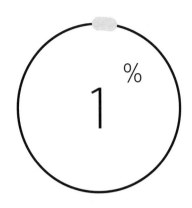

더 좋은 고객 경험을
위해 기꺼이
더 많은 비용을
부담하겠다고
응답한
소비자 비율

자신들의 기대가
지속적으로
충족되고 있다고
응답한
고객 비율

브레인 솔리스, X: 비즈니스가 디자인을 만날 때 나타나는 고객 경험의 혁신적인 변화(윌리, 2015)
CEI 조사, www.oracle.com/us/products/applications/
cust-exp-impact-report-epss-1560493.pdf

° 소통 경험

　브라이언 솔리스는 고객 경험을 '고객과 기업의 모든 상호 작용의 총합'이라고 정의했습니다. 그는 고객의 생애주기 동안 고객과 기업이 모든 접점과 결정적인 순간에 어떻게 상호작용하는지를 연구했습니다. 저는 고객과 기업의 소통방식이 피고용인과 고용인의 관계, 환자와 의사의 관계, 기업과다른 기업과의 관계 등에도 적용될 수 있다고 생각합니다.

에이미 일리가 있네요. 제가 경험이란 개념을 어디에 어떻게 적용하면 되는지 보다 잘 이해할 수 있도록 실질적인 사례를 들어주세요.

크리스 고객 경험의 진정한 개척자인 아마존을 보죠. 아마존 로고부터 시작하는 것이 좋겠네요. 아마존 로고는 '미소를 짓고 있는 얼굴'입니다. 여기서 우리는 아마존이 단지 고객에게 상품을 배송하는 것뿐만 아니라 좋은 경험을 전달하는 것도 중요하게 생각하고 있다는 사실을 알 수 있습니다. 웃는 얼굴을 싫어할 사람은 아무도 없어요. 사람들은 미소짓는 얼굴을 보며 행복을 느끼죠. 아마존은 회사 로고를 통해 사람들에게 말합니다. 아마존이 제공하는 서비스와 제품에서 행복을 느낄 수 있다고 말이죠.

에이미 훌륭한 포인트네요. 그것이 훌륭한 경험을 제공하는 목표라면, 이런 목표는 한 조직의 전체 시스템에 스며들어야만 합니다.

크리스 네, 맞아요. 로고는 고객과 기업이 만나는 수많은 접점 중 하나죠. 하지만 이 하나의 접점이 '아마존 고객은 아마존이 제공하는 경험에 대해 끝까지 만족할 것'이란 메시지를 강화해요. 아마존은 로고를 통해 고객에게 처음부터 끝까지 최상의 경험을 제공하겠다는 약속을 하고 있어요. 그리고 그 약속을 반드시 지키겠다는 의지도 보여주죠.

에이미 웹사이트를 사용하고 온라인 주문을 하는 동안 그리고 주문한 상품이 배달되고 불만 사항이 처리되는 동안 최적화되고 완벽한 경험만을 제공하겠다고 아마존은 로고를 통해 고객에게 약속합니다. 심지어 아마존의 오프라인 매장도 이런 메시지를 강화하도록 디자인되었죠.

크리스 거기서 끝이 아닙니다. 가능한 최상의 서비스를 제공하겠다는 아마존의 철학은 풀필먼트(fulfillment)* 센터부터

---

* 주문이행을 의미하는 말로 고객의 주문에 맞춰 물류센터에 제품을 고르고 포장하고 배송까지 하는 과정 전반을 말한다. 과거에는 물류업계에서 사용하던 단어였지만, 근래엔 전자상거래의 빠른 성장으로 유통업계에서도 흔히 사용된다.

배달 서비스와 웹사이트에 이르기까지 전체 운영 시스템에 스며들어 있어요. 아마존은 물류 창고가 가장 효율적으로 운영되도록 설계합니다. 로봇과 물류시스템을 지능적으로 활용하고 심지어 고객에게 배송될 상품을 선적해 둘 위치도 전략적으로 결정하죠. 이 덕분에 아마존은 최적화된 경험을 고객에게 제공할 수 있습니다.

요즘은 알렉사를 이용하면 음성으로 직접 상품을 주문할 수도 있죠.

에이미 맞아요. 알렉사를 알아요. 전 다른 음성인식 어시스턴트 시스템도 잘 알고 있어요. 알렉사 에코와 같은 스마트 스피커뿐만 아니라 구글 홈과 애플 홈포드도 있어요.

기업은 음성 인식 기술 덕분에 고객의 삶을 더 편하게 만들 수 있는 엄청난 기회를 얻었죠. 가령 아침에 양치질을 하면서 알렉사에게 현재 기온과 교통상황을 물어볼 수 있죠. 여기서는 고객의 니즈에 정확하게 맞춘 정보, 서비스와 제품을 전달하는 것이 핵심입니다.

비즈니스도 마찬가지입니다. 의사는 음성 인식 기술이 탑재된 기기에 의약품의 부작용을 물어보고 트럭운전자는 운전경로를 미리 짜고 매니저는 회의 일정을 잡습니다. 음성인식 기술의 활용분야는 무궁무진하죠. 그래서 미래가 더욱 기대돼요.

크리스 마이크로소프트 코타나, 구글 어시스턴트와 시리와 같은 가상 어시스턴트 시스템을 잊으면 섭섭하죠. 이 가상 어시스턴트 시스템은 스마트폰, 태블릿과 컴퓨터에 설치되어 있고 손쉽게 접속이 가능해요. 미래에는 심지어 시장에서 물건 값을 치르고 주유소에서 기름을 넣을 때도 이 가상 어시스턴트 시스템의 도움을 받게 될 겁니다. US포스탈서비스는 '프로덕트 박스'라는 프로젝트를 진행하고 있어요. 음성으로 활성화되는 이 프로그램은 손쉽게 우편물을 붙이고 배송상태를 추적할 수 있어요.

스마트폰의 도미노피자 애플리케이션으로 피자를 주문할 수도 있죠. 이 애플리케이션은 가상 주문 어시스턴트 시스템에 의해 작동됩니다. 스타벅스는 '마이 스타벅스 바리스타'로 알려진 애플리케이션을 출시했어요. 매장에서 스타벅스 직원에게 직접 주문하듯이, 사람들은 자리에 편안하게 앉아서 스마트폰으로 커피를 주문할 수 있어요.

LG전자는 새로운 인터넷에 연결된 냉장고를 출시했어요. 이 냉장고는 아마존 알렉사와 소통합니다. 그래서 사람들은 냉장고로 식료품을 주문하고 심지어 유통기한까지 확인할 수 있습니다.

이것들은 음성 인식 기술을 활용해서 좋은 경험을 고객에게 제공하는 있는 소수의 사례에 불과합니다.

에이미 기업은 다양한 고객 접점에서 고객 경험을 개선하기 위해서 최선을 다하고 있습니다. 치열한 경쟁에서 살아남아 사업을 확장하려면 고객이 있어야 합니다. 고객은 최고의 경험을 제공하는 브랜드 혹은 기업에 마음을 쉽사리 빼앗기죠. 그래서 고객에게 최상의 경험을 제공해야 합니다. 고객은 좋은 경험을 제공한 브랜드를 반드시 다시 찾습니다.

블룸버그 비즈니스위크의 여론조사에 따르면 대부분의 기업은 '훌륭한 고객 경험을 반드시 제공해야 한다.'고 생각하고 있었습니다. 이 조사에 참여한 기업의 80%가 고객 서비스가 전략적으로 달성해야 할 중요한 목표 중 하나로 꼽았습니다.

˚마찰지점

크리스 기업은 고객의 취향, 소비습관 등을 바탕으로 개인화되고 그들의 니즈에 꼭 맞춘 경험을 제공해야 합니다. 이

부분에 대해서 좀 더 이야기해보죠.

에이미   기업은 고객의 마찰지점을 파악해야 합니다. 마찰지점은 고객 여정에서 기업이 파악하기 어렵고 고객에게 짜증나는 경험을 제공하는 고객접점을 말합니다. 이 마찰지점이 심지어 구매 포기로 이어질 수 있습니다. 마찰지점을 파악하면 고객 경험을 개선할 수 있습니다.

크리스   넷플릭스는 마찰지점을 파악하고 해결해서 고객경험을 개선했습니다. 넷플릭스는 시청기록과 시청습관을 토대로 서비스 가입자가 흥미를 느낄 만한 콘텐츠를 예측하고 제안합니다.

은행 온라인 서비스에 접속하려면 길고 지루한 보안질문에 답해야 합니다. 이게 고객의 입장에서는 여간 귀찮은 일이 아니에요. 이 부분이 바로 마찰지점입니다. 만약 음성 인증 방식을 도입한다면 마찰지점은 사라질 겁니다. 몇몇 은행은 개인적인 정보를 묻는 보안질문 대신 개인 전화번호로 본인 인증을 하고 있습니다.

에이미   추가로 은행은 신용범죄를 예방하기 위해서 카드 소지자와 그 카드에 대한 프로필을 작성하고 사용패턴을 기록합니다. 은행은 타자 속도, 검색 속도 등의 정보를 수집하죠. 심지어 보안키를 입력할 때의 압력까지도 프로필에 기록됩니다. 평소와 다른 비정상적인 결제 승인 요청이 감지되면, 금융사기 대응팀으로 위험 신호가 전달됩니다. 그러면 금융사기 대응팀은 카드 소지자에게 정상적인 거래인지 확인해달라는 메시지를 보냅니다. 이런 시스템은 고객과 카드회사모두에게 이롭죠.

크리스 긴 대기시간은 헬스케어 업계에 존재하는 많은 마찰지점 중 하나죠. 원격의료 애플리케이션이 이 마찰지점을 해소할 수 있습니다. 사람들은 원격의료 애플리케이션을 이용해서 스마트폰으로 진료예약을 잡고 문자 메시지, 음성 통화혹은 심지어 영상 통화를 통해 원거리에서 의사에게 진료를받을 수 있습니다. 병원, 의사 그리고 보험회사는 원격의료의 수혜자들입니다. 원격에서 환자를 진단하고 치료하는 것이 가능해지면서 응급상황이 아닌 환자들이 응급실에 입원하는 횟수가 상당히 줄어들었거든요. 환자들은 병원까지 직접 가서 병균이 득실거리는 대기실에서 한참을 기다렸다가진료를 받는 불쾌한 경험을 하지 않아도 되죠. 이제 원격의료 애플리케이션으로 언제든지 의료 전문가나 의사에게 훌륭한 의료 서비스를 받을 수 있습니다.

에이미　애플키트(AppleKit)를 한 번 보세요. 건강 데이터를 애플키트에 입력하면 스마트폰은 당신의 활동량과 병원기록을 바탕으로 현재의 건강상태를 파악하고 부족한 부분을 보완할 수 있는 방법을 제안합니다. 그리고 애플키트는 약 먹을 시간을 알려주고 의자에 장시간 앉아 있는 사람에게 의자에서 잠깐 일어나 스트레칭 하라는 알림 메시지를 보냅니다. 그리고 심장 박동을 낮추기 위해 심호흡을 하라거나 규칙적으로 운동하라는 메시지를 사용자에게 보내죠. 애플키트는 모바일 기술이 개인화된 경험을 전달해서 삶의 질을 높인 좋은 사례입니다.

°독특하고 흥미로운 고객 경험

크리스　원격의료는 한 개인에게 개인화된 경험을 제공하죠. 하지만 미래에는 다수의 사람들에게 동시에 개인화된 경험을 제공할 수 있게 될 것입니다. 스마트시티를 생각해보죠. 스마트시티는 상점 주인들에게 큰 스포츠 경기가 열릴 것이라는 메시지를 보냅니다. 그러면 상점 주인들은 미리 재고를 확보하고 스포츠 경기가 열리는 기간 동안 늦게까지 장사를 하고 아르바이트를 늘리거나 특별 할인 행사를 벌여 매출을 올릴 수 있죠. 그리고 스마트도로는 차량과 보행자의 통행량을 자동으로 모니터해서 최적의 경로를 알려주거나 응급 서비스 차량이 사고 지점에 빨리 갈 수 있는 경로를 탐색해주죠. 이 모든 것들이 스마트시티에서는 인간의 개입 없이 이뤄집니다. 다시 말해, 스마트시티는 그 지역에 거주하는 사람들의 행동패턴에 관한 정보를 수집하고 분석해서 모두에게 개인화된 경험을 전달할 수 있습니다. 한마디로 도시 전체가 개인화되는 것이죠.

에이미　디지털 기술이 낳은 혁신의 인상적인 사례네요. 이제 고객에게 개인화된 경험을 제공해서 고객 충성도를 어떻게 높일 수 있는지 살펴보죠.

크리스　우선 기억해야 할 것이 있어요. 마찰지점이 하나의 경험이나 접점이 아닌 전 고객 여정에 영향을 미친다는 것입니다. 마찰지점이 단 하나라 할지라도 이 마찰지점 때문에 고객이 불쾌하다고 느끼는 순간 브랜드의 이미지가 완전히 실추되고 불쾌한 경험을 한 고객은 다른 브랜드를 찾아 영영 떠나버릴 수 있어요.

새 차를 사는 경험에 대해서 이야기해보죠. 원하는 옵션을 추가해서 원하는 자동차를 디자인하고 자신만의 브랜드도 직접 만들 수 있는 응용 프로그램이 개발되었습니다. 심지어 이렇게 디자인한 자동차에 가상으로 스핀을 걸어 시운전까지 해볼 수 있습니다. 에이미가 이런 응용 프로그램을 이용해서 자동차를 사려는 가상의 고객이라고 쳐요. 게다가 시뮬레이션 단계까지 모든 경험이 만족스러웠죠.

이제 응용 프로그램으로 신용대출을 신청해요. 신용대출을 신청한지 몇 분 안에 자동차를 사고도 남을 정도로 충분한 액수의 신용 대출이 승인되었죠. 응용 프로그램으로 가장 가까운 자동차 대리점과 거기까지 가는 길까지 확인하고 자동으로 방문 예약을 잡았어요. 그리고 응용 프로그램으로 타던 자동차의 보상 판매가격의 견적도 뽑아봤죠. 방문일 하루 전에 알림 메시지가 오네요.

지금까지 모든 것이 순조롭고 모든 경험이 만족스러워요. 에이미가 원하는 대로 자동차를 디자인했고 신용대출도 받았죠. 그리고 보상 판매가도 대충 알고 있고 대리점 방문 예약까지 했어요. 드디어 대리점에 방문하기로 한 날이 밝았어요. 예약 시간보다 5분 일찍 대리점에 도착했어요. 근데 그 누구도 에이미를 반갑게 맞아주지 않아요. 조금 짜증이 났지만 모든 일이 완벽할 수는 없으니 이 정도는 이해하고 넘어가기로 해요. 에이미의 담당자가 아프거나 다른 이유로 출근을 못했을 수도 있으니까요.

그래서 다른 직원이 나와서 일을 처리해줄 때까지 조금 더 기다리기로 해요. 그런데 15분이 지나도 아무도 나타나지 않네요. 그래서 매니저에게 어찌된 일인지 문의를 합니다. 상황을 확인하던 매니저는 방문 예약 등 에이미에 관한 정보가 자신들에게 전달되지 않았다고 말합니다. 설상가상으로 공들여서 디자인한 자동차의 재고가 없을 뿐만 아니라 에이미가 선택했던 추가 옵션들은 그 모델에 설치가 불가능하다는 말까지 하네요. 이 어이없는 상황에 화가 머리끝까지 났어요. 이를 눈치 챈 매니저가 사과를 하면 문제를 직접 해결해보겠다고 나서지만, 이미 에이미의 화난 마음을 진정시키기에 너무 늦어 벼렸죠. 화가 난 에이미는 다음에 다시 오겠다며 대리점을 떠나버려요.

아시다시피, 처음에는 모든 것이 완벽했어요. 하지만 복잡한 구매 프로세스에 존재한 작은 오류 때문에 최종 구매로 이어지지 못했죠. 이 대리점은 큰 계약을 놓쳤고 영업사원은 수수료도 못 받습니다. 그리고 무엇보다 에이미는 원했던 자동차를 사지 못했죠.

이것은 가상의 사례이지만 고객 경험에 신중하게 접근해야 한다는 것을 알려줍니다. 구매 프로세스에 참여한 많은 기업과 그들이 사용하는 프로그램이 유기적으로 소통하지 못하면서 문제가 발생했던 겁니다. 바로 방문 예약을 할 때 예약 확인 메일이나 메시지가 대리점에 전달되지 않았던 것이죠. 이 작은 실수로 그 대리점은 수천 달러의 계약뿐만 아니라 평생 고객마저 잃었습니다.

문제는 당신이 화가 나서 돌아갔다는 사실이에요. 집에 돌아가자마자 소셜 미디어에 감정을 가득 실어서 불평 쏟아냈죠. 그리고 옐프와 구글에 그 대리점에 대해서 부정적인 후기를 올리고, 페이스북에 접속해서 1,000명의 친구들에게 그 대리점에는 절대 가지 말라는 메시지도 보내요. 이로 말미암아 그 대리점은 몇 달, 심지어 몇 년 동안 매출에 큰 타격을 입죠. 이것은 단 한 번의 고객과의 소통 실패가 조직 차원의 PR 문제로 이어질 수 있음을 보여주는 사례입니다.

실수는 생기기 마련이에요. 그러므로 기업은 전체 시스템 차원에서 고객 경험에서의 실수 즉, 마찰지점을 관리하고 해결할 수 있어야 합니다.

이번에는 아마존에서 온라인 주문을 한다고 치죠. 아마존 웹사이트에 접속해서 검색한지 몇 분 안에 원하던 제품을 찾았고 대체로 긍정적인 후기를 확인한 뒤에 온라인 주문을 했어요. 아마존은 당일 배송 서비스를 제공하고 있습니다. 오늘 당장 그 제품이 필요하기 때문에 당장 결제를 하죠. 금상첨화인 것은 아마존 프라임 회원이라 당일배송도 무료에요.

그런데 제품이 주문 당일에 배송되지 않았습니다. 그래서 고객 서비스 센터에 전화를 걸죠. 상담원과 직접 통화를 하고 몇 분 안에 당신이 살고 있는 지역의 배송 책임자와 연결이 됩니다.

배송 책임자는 주문 내역을 확인하고 잘못된 주소로 제품이 배송되었다는 사실을 확인하죠. 그녀는 함께 통화 중이던 배달원에게 가능하다면 바로 제품을 수거해서 당신에게 배달하라고 지시합니다. 설령 밤늦게 도착하더라도 말이죠. 1시간 뒤 배달원은 미안해하면서 제품을 당신에게 직접 전달했습니다. 30분 안에 당신은 소셜 미디어에 접속해서 친구들에게 이 감동적인 경험에 대해 이야기하죠. 물론 배송 과정에서 실수는 있었지만, 이 훌륭한 서비스 덕분에 사실상 당신은 아마존의 팬이 되었습니다. 모든 고객 경험이 신속하고 효과적으로 그리고 무엇보다 성공적으로 처리됐기 때문이죠.

구매 프로세스가 복잡해지면서 오류가 발생할 가능성이 커졌습니다. 아마존 사례는 오류에 대한 고객의 관용을 쌓는 방법을 보여줍니다. 오류는 항상 일어납니다. 그리고 이런 오류들이 고객과 모든 관계자들에게 주요 마찰지점이 됩니다. 조직의 시스템이 이런 오류를 잡아내고 해결하지 못한다면 기업은 손해를 보고 제품과 서비스가 아무리 훌륭하더라도 브랜드는 타격을 입게 될 것입니다.

지금까지 이야기했듯이, 더 이상 고객 경험에서 독특한 마케팅이나 가격 경쟁력이 핵심이 아닙니다. 이제는 고객과 직원을 위해 독특하고 흥미로운 경험을 제공하는 차별화 전략이 핵심입니다. 오늘날 승승장구하는 기업들은 경험의 중요성을 깨닫고 최상의 경험을 고객과 직원에게 전달하고자 노력하는 기업들입니다.

° 직원 충성도

에이미 맞습니다. 경험은 고객에게만 필요한 것이 아니에요. 기업은 고객뿐만 아니라 직원에게도 최고의 경험을 제공해야 합니다.

크리스　직원이 최고의 경험을 하면, 혁신이 촉진될 뿐만 아니라 직원 충성도와 직원 유지율이 올라가죠.

직원이 공동체 의식과 공동의 목표의식을 가지게 되면, 직원 충성도가 생기죠. 그래서 직원들은 자신들이 조직과 공동 목표를 공유한다고 느끼죠. 그리고 직원은 자신이 조직의 성공에 기여하고 노력에 대한 보상을 받게 된다고 믿어요.

그래서 직원은 스스로를 조직이라는 톱니바퀴의 외딴 톱니라고 생각하지 않아요. 자신의 노력이 조직의 일과 어떻게 관련되어 있는지도 모른 채 정해진 대로 돌아가는 톱니라고 스스로를 생각하지 않죠. 직원은 자신의 업무가 중요하고 자신의 의견이 조직 안에서 무시되지 않는다고 느끼죠.

직원을 위한 최고의 경험은 표면적으로 제공되는 혜택만을 의미하지는 않아요. 인간은 본능적으로 타인과 관계를 맺기를 원합니다. 공동체 의식이 생길 때, 직원들은 직장 내에서 더 좋은 경험을 하게 됩니다. 그리고 조직에서 하게 되는 더 좋은 경험들이 직원에 동기를 부여하고 생산성을 높이죠.

노비포는 플로리다주 클리어워터에 있는 기업인데 매일 전 직원들이 한 곳에 모여서 회의를 해요. 이 회의에서 직원들은 중요한 행사, 그 날의 목표 그리고 회사의 현황과 향후 계획 등에 대해서 의견을 주고받아요. 격식에 얽매이지 않는 편안한 분위기에서 회의가 진행됩니다. 직원들은 빈 백 의자에 동그랗게 둘러앉아서 서로 의견을 교환하죠.

다른 기업과 마찬가지로 노비포도 직원들에게 정기 급여와 보너스를 지급하고 있습니다. 특이한 점은 노비포는 직원들과 재무성과를 공유합니다. 회사가 좋은 실적을 낸다는 것은 전 직원들이 좋은 실적을 낸다는 의미이니, 그 성과를 모두가 공유하는 거죠.

이런 기업문화는 목표의식과 공동체 의식을 낳고, 결국 직원들은 회사 내에서 지속적으로 좋은 경험을 하게 되죠. 그래서 하루를 마감할 때쯤이면, 직원들은 보다 우수한 성과를 내고 직원들의 생산성도 높아지게 되는 겁니다.

에이미 직원에게 좋은 경험을 제공하는 것이 어떻게 좋은 고객 경험으로 이어지는지 알고 싶어요. 여기에 대해서 이야기해보죠.

동기 부여된 직원들은 자신들이 회사 비전의 일부이자 비전 실현에 기여한다고 생각합니다. 그래서 그들은 서비스 품질을 개선하고 생산과정의 오류를 줄이고자 노력합니다. 이런 노력이 자연스럽게 좋은 고객 경험으로 이어지는 것이죠.

조직 안에서 개인의 목표를 이해하고 개인의 행동이 조직에 미치는 영향을 알기 때문에 직원들은 더 좋은 경험을 고객들에게 제공하는 데 더 집중하게 됩니다.

고객이라고 하면 조직 외부에서 재화와 서비스를 구매해서 소비하는 사람만을 생각하죠. 하지만 분명 내부 고객도 존재한답니다. 회사의 IT 부서는 태블릿, 데스크톱과 휴대전화와 같은 자원을 수리하고 관리하는 부서입니다. IT 부서의 고객은 회사 내 최종 사용자들이에요. 즉 회사 직원들이 IT 부서의 고객이 되는 겁니다. 그래서 직장 동료에게 최상의 경험을 제공하는 것이 IT 부서의 역할인거죠.

에이미 경험의 아키텍처가 깊은 수준까지 서로 연결되어 있네요. 생태계에서는 각각의 요소들이 서로 의존하죠. 생태계를 구성하는 요소들은 공생관계를 맺습니다. 조직도 생태계의 또 다른 유형이죠. 경험 문화에서 모든 것은 스위스 손목시계의 잘 조율된 부품들처럼 조화롭게 기능해야 합니다.

크리스 그래서 기업은 직원과 고객의 입장에서 생각하고 움직여야 합니다. 경험 아키텍처는 아주 복잡합니다. 최상의 경험을 고객과 직원에게 제공하려면, 그들의 개인적인 니즈를 정확하게 파악할 수 있어야 합니다. 여기서 빅데이터의 진정한 가치가 빛을 발할 겁니다.

데이터 전략과 기반시설 없이 최상의 경험을 설계하는 것은 불가능합니다. 고객(그리고 직원)을 모르는데, 어떻게 그들에게 진정한 최상의 경험을 제공할 수 있겠어요?

고객을 이해하는 유일한 방법은 그들의 니즈, 습관 그리고 선택에 대한 정보를 수집하고 보관하고 분석하는 것입니다. 기업은 예측적인 애널리틱스로 데이터를 분석하여 직원과 고객의 니즈를 정확하게 파악하고 좋은 경험을 제공할 수 있습니다.

에이미 좋은 경험을 설계하는 것이 복잡하다면, 우리가 앞으로 다룰 데이터와 데이터를 분석하는 기술은 더 복잡한 주제가 되겠네요.

° 경험 문화

크리스 경험이 핵심이 되는 문화를 조성하고 유지하는 데 정보는 매우 중요한 요소입니다. 직원과 고객의 행동, 욕구 그리고 행위를 정확하게 이해해야 '기가 막힐 정도로 우수한' 경험을 제공할 수 있어요. 이것은 신속하고 효율적으로 방대한 데이터를 수집하고 저장하고 선별하고 분류하고 분석해야 한다는 의미에요.

에이미 그럼 데이터 없이, 최고의 경험을 제공하는 것은 불가능하겠네요.

크리스 맞아요. 여기서부터 완전히 새로운 것들에 도전해야 하죠. 하지만 이런 도전들로부터 엄청난 기회가 나온답니다.

제3장

무한한 데이터
: 성과 개선

크리스 이제 데이터에 대해서 이야기해보죠. 데이터는 AI의 연료랍니다. 먼저 데이터의 정의와 원천에 대해서 살펴봐요.

에이미 광범위한 주제라서 이야기할 것들이 많을 것 같아요. 그럼 시작해보죠. 여기서 이야기가 좀 길어질 것 같은데, 커피는 마셨죠?

° 데이터의 정의

크리스 네, 물론이죠. 이제 본론으로 들어가죠. 에이미, 데이터의 정확한 정의가 뭐죠?

에이미 사전에 따르면 데이터는 '개별 사실, 통계 또는 정보'랍니다.

현재 크리스 당신의 위치와 같은 사실은 데이터 포인트가 되죠. 데이터 포인트는 단일 데이터를 의미해요(단일 데이터를 데이텀이라고도 하죠). 전화번호, 계좌번호와 당신에 대한 모든 정보가 데이터죠. 여러 정보의 집합을 데이터라고 합니다.

차에 탑재된 컴퓨터는 항상 데이터를 수집해요. 끊임없이 엔진 상태를 점검하고 기록하죠. 엔진 온도, 주행거리와 심지어 타이어 공기압력도 기록하고 저장하죠. 그리고 자동차의

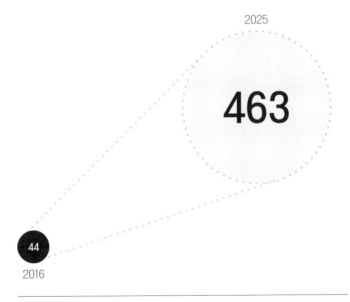

매일 전 세계적으로 생성되는 데이터의 양(10억 GB/일)
www.microfocus.com

내비게이션에 내장된 GPS는 주행내역을 기록합니다. 이 모든 데이터가 자동차의 상태와 당신의 운전습관을 보여주죠.

크리스 마케터들은 고객 데이터에 관심이 많죠. 고객 데이터에는 집 주소, 인구통계학적 정보, 온라인 행동과 선호, 검색기록과 구매패턴 등이 있어요.

전자건강기록(Electronic Health Records, EHRs)*은 문서에 기록된 정보를 하나의 소스에 디지털로 저장합니다. 전자건강기록에 문서 기록과 병원진료 기록, 검사결과, 알레르기를 일으키는 물질, 처방내역과 가족력 등 환자의 정보가 모두 저장되죠. 환자가 진료나 상담을 받았던 의사와 보건 전문가가 기록한 정보도 모두 이곳에 저장됩니다. 담당의, 의학 실험실, 의료영상센터, 약국, 양호실, 환자 자신과 환자가 승인한 사람이라면 누구나 이 정보에 접근할 수 있어요. 이 정보에는 환자의 치료에 개입한 모든 기관 혹은 사람으로부터 나온 데이터가 들어 있습니다. 이렇게 환자의 정보가 통합적으

---

* 모든 의료 기관의 전자의무기록(EMR)을 망으로 통합하여 공유하고 활용할 수 있는 의료 정보 시스템이다. 각 의료 기관별로 개별 관리되고 있는 환자의 진료 관련 자료들을 통일 또는 호환성을 향상하고, 시스템 및 서비스 표준화를 통해 중복 투자와 낭비를 줄이며, 임상 진료의 효과를 향상하는 것이 주목적이다.

로 관리되면 어떤 일이 생길까요? 의사와 의료 종사자들은 많은 정보를 분석할 수 있고 보다 신속하고 안전하게 진단을 내릴 수 있어요.

에이미 오늘 아마존에 상품 주문을 했잖아요. 당신의 주문 내역에 대해서 아마존이 얼마나 많은 데이터를 생성했을까요? 아마존은 당신이 무엇을 주문했고 주문 상품을 어디로 배송해야 하는지 알죠. 아마존은 주문 상품에 바코드를 붙이고 발송하죠. 이 바코드 덕분에 아마존은 주문 상품의 위치와 상태를 실시간으로 정확하게 파악할 수 있어요. 이때 UPS, USPS, 페덱스와 같은 운송회사나 아마존 자체 운송 시스템이 이용되죠. 그리고 당신도 언제든지 애플리케이션에 접속해서 주문 상품의 배송 상태를 확인할 수 있어요. 상품 하나 주문했을 뿐인데 엄청나게 많은 데이터가 생성되었죠!

아마존의 서비스는 여기서 끝나지 않아요. 아마존은 '아마존 키'라는 서비스를 제공하고 있어요. 이것은 아마존 프라임 회원들에게만 제공되는 서비스랍니다. 택배기사가 고객의 집으로 직접 들어가서 안전한 곳에 상품을 놓는 거죠. 택배 분실을 예방하기 위한 서비스입니다(택배 도난이 요즘 심각한 문제잖아요). 아마존은 이 서비스를 신청한 고객에게 웹캠과 특수 자물쇠를 제공합니다. 아마존이 원격으로 이 특수 자물쇠를 열어주면, 택배 기사가 고객의 집으로 들어가서 상품을 놓고 나옵니다. 아마존은 택배 기사의 정직함을 증명하기 위해 해당 영상을 보관해 둡니다. 이 서비스 덕분에 아마존은 훨씬 더 많은 고객 정보를 확보할 수 있죠.

° 데이터의 복잡성

크리스   바로 그것이 데이터의 힘이죠. 이 세상에 존재하는 모든 정보를 수집하는 것은 불가능해요. 이것은 엄청난 노동력이 들고 복잡한 작업이랍니다. 그리고 통신기술, 디스크와 같은 기반시설 등 대규모 자원이 필요하고 해커와 비인가 접근으로부터 정보를 보호해야 합니다.

에이미   아마존이나 이베이와 같은 기업과 이 기업이 수집하는 데이터에 대해서 이야기 해봐요. 구매 프로세스는 겉으로 봤을 때 단순하게 보일 수 있어요. 정말 단순한지 처음부터 끝까지 자세히 살펴보죠.

먼저, 상품에 바코드를 부착하고 스캔합니다. 그러면 상품의 크기, 물류창고에서의 위치, 상품의 상태 등 상품에 대한 모든 정보가 데이터베이스에 저장되죠.

고객이 상품을 주문합니다. 그러면 물류창고에서 주문 상품을 확보해서 고객이 주문한 나머지 상품들과 함께 택배상자에 넣어 포장하죠. 아마존은 택배상자 속 각각의 상품뿐만 아니라 택배 상자도 추적합니다.

택배상자는 US포스탈서비스, UPS, 페덱스 등 외부 배송업체에 맡겨지거나 아마존 자체 배송 서비스를 통해 배송됩니다. 물론 이 택배상자에도 바코드가 부착됩니다. 아마존이 배송업체에 택배상자를 보내거나 배송업체가 아마존에서 직접 택배상자를 수거합니다. 그리고 배송업체는 배송상태를 상인에게 전송하죠. 이 정보는 상인의 데이터베이스에 저장됩니다. 그리고 고객에게 배송이 시작되었다는 문자 메시지와 이메일이 전송됩니다.

이 사례에서 데이터 접점이 몇 개인지 생각해봐요. 물류창고, 배송업체, 상인, 이메일, 문자메시지 그리고 아마존 자체 컴퓨터와 데이터메이스가 있죠. 이것만으로도 온라인 구매 과정이 아주 복잡한 작업임을 알 수 있어요. 고객은 이런 복잡한 과정을 거쳐서 자신이 주문한 상품이 배달된다는 것을 몰라요. 이런 일련의 과정들이 고객이 모르게 은밀하게 진행되기 때문이죠. 이것은 우리가 온라인으로 주문한 상품이 배달되기까지의 과정을 아주 단순하게 설명한 겁니다. 실제로는 제가 이야기한 것보다 훨씬 더 복잡하죠.

핵심은 많은 기업들이 주문부터 배달까지의 모든 정보 혹은 데이터를 수집하고 많은 서버에 저장한다는 점입니다(기업이 데이터를 수집하고 저장할 수 있도록 설계된 특별한 컴퓨터가 서버가 되죠). 수집과 저장의 대상이 되는 정보는 실시간으로 변합니다. 성능이 좋은 서버를 사용해야 하죠. 그래서 이 모든 정보의 수집, 체계화 그리고 인덱스 작업이 가능하니까요. 인덱스 작업은 데이터의 속성과 저장위치를 표로 정리하는 것을 말합니다.

° 데이터의 저장

크리스 그럼 이 많은 데이터를 어디에 저장해야 할까요?

에이미 먼저 클라우드의 개념을 살펴보죠. 실제로 클라우드는 아주 단순한 개념이에요. 전통적인 컴퓨팅 환경에서 데이터는 국지적으로 저장됩니다. 쉽게 말해서 각각의 사내 컴퓨터 서버에 데이터가 저장되죠. 그러나 클라우드 환경에서는 인터넷, 옆 사무실에 설치된 컴퓨터 서버, 심지어 수백 마일 떨어진 곳이나 다른 대륙에 설치된 컴퓨터 서버에 데이터가 저장됩니다. 실제로 대체로 클라우드 서비스를 이용하는 기업들은 클라우드 서버가 어디에 있는지 몰라요.

대다수의 경우에 정보는 클라우드 서버에 저장됩니다. 아마존은 아마존 웹 서비스를 의미하는 AWS를 사용합니다. 구글은 구글 클라우드 플랫폼이라는 AWS와 유사한 클라우드 서버를 가지고 있어요. 마이크로소프트에게는 마이크로소프트 애저가 있죠. 이 외에서 클라우드 호스팅 서비스들이 존재합니다.

많은 기업들이 자체 클라우드 서비스를 보유하고 있어요. 대부분 내부용으로만 사용하죠. 이런 클라우드는 사설 클라우드라고 불립니다. 외부 클라우드 서비스와 사설 클라우드 서비스를 혼합해서 사용하는 사례가 점점 늘어나는 추세에요.

크리스 클라우드 서비스는 저렴한 비용으로 어디에서나 쉽게 이용할 수 있어요. 이러한 클라우드 서비스의 높은 이용 가능성과 낮은 비용 덕분에 SaaS가 부상했어요. SaaS는 '서비스로서의 소프트웨어(software as a service)*'를 의미합니다.

---

* 소프트웨어의 여러 기능 중에서 사용자가 필요로 하는 서비스만 이용 가능하도록 한 소프트웨어이다.

SaaS는 클라우드에서 구동되는 소프트웨어입니다. 대표적인 예로 어도비 크리에이티브, 도큐먼트 앤 익스피어리언스 클라우드 그리고 마이크로소프트 365가 있어요. 이 소프트웨어들은 기업과 소비자에게 SaaS를 제공하죠. 사실 클라우드가 기업과 개인에게 제공하는 혜택은 어마어마해요. 이 혜택만으로 책 한 권을 쓸 수도 있어요. 하지만 클라우드가 가져다주는 혜택들은 이 책에서 논외랍니다.

에이미 이쯤에서 데이터를 저장하는 것이 점점 복잡해지고 있다는 사실을 눈치 채셨을 거예요. 기업은 데이터를 사내 컴퓨터뿐만 아니라 클라우드를 통해 지구 반대편에 있는 다른 컴퓨터에도 저장할 수 있습니다. 게다가 벤더, 고객과 납품업자의 정보에도 접근할 수 있습니다. 아마존이 상품을 배송하고 추적할 때 배송업체들의 데이터에 접근했던 것처럼 말이에요.

크리스 이렇게 데이터를 저장하고 활용하기 위해서 갖추어야 할 기반시설이 있습니다. IT 기반시설에 대해서는 나중에 더 자세히 살펴보도록 하죠. 지금은 방대한 데이터를 관리하는 것만으로도 벅차니까요. 방대한 데이터는 인공지능에 엄청난 무기가 됩니다.

에이미 이렇게 방대한 정보를 저장할 수 있다니, 정말 환상적이네요. 하지만 아무리 많은 정보를 저장하더라도 그 정보를 활용할 수 없다면 정보를 저장하는 게 무슨 의미가 있겠어요.

크리스 물론이죠. 데이터를 수집하고 저장했다면, 데이터를 보고하고 추적하고 분석해서 실제로 활용할 수 있어야죠. 데이터의 보고, 추적 그리고 분석은 구조적이고 체계적으로 진행됩니다. 그리고 이 과정에서 좋은 결과물이 도출되죠.

에이미 그렇게 데이터를 보고하고 추적하고 분석하려면 각각의 디지털 기기를 데이터 구조*, 통신매체 그리고 인터페이스와 연결해야 합니다. 이것 때문에 IoT로 생성된 데이터를 활용하는 것이 힘들어지죠.

크리스 에이미, 이제 우리의 대화는 훨씬 더 복잡해질 거예

---

* 레코드(데이터)의 특성 및 레코드 간의 관계를 논리적 관점에서 나타낸 구조를 말한다.

요. 지구 반대편에 사는 누군가가 설계한 디지털 기기는 우리가 사용하는 디지털 기기와는 다른 프로그램 언어를 사용하고 소통 방식도 다르겠죠. 그러니 이 둘을 단순히 연결한다고 해서, 두 기기가 서로 데이터를 주고받을 수 있는 것은 아니에요.

° 데이터의 활용

에이미 데이터를 활용하면, 특정 인구계층, 활용 사례 그리고 새로운 트렌드 등을 파악할 수 있어요. 이는 정말 놀라운 일이에요. 여기 스마트 커피메이커가 있어요. 스마트 커피메이커는 사용자의 커피 습관을 저장해서 제조사에 전송하죠. 커피메이커 제조사는 이 정보와 고객의 소셜 미디어 피드를 비교해 자사 평판을 파악할 수 있죠. 그리고 다른 정보와 결합하여 어떤 새로운 트렌드도 발견할 수 있어요. 예를 들어 커피를 많이 내려 마시는 사람은 특정 제품을 구매하는 자주 구매한다거나, 여가 생활을 더 즐긴다거나 텔레비전 시청 시간이 더 길다는 등의 통찰 혹은 트렌드를 파악할 수 있죠. 물론, 이런 정보를 파악하려면 스마트TV와 스마트 냉장고와 같은 다른 IoT기기에서 얻은 정보가 추가적으로 필요해요.

크리스 궁극적으로 기업은 고객에 대한 통찰을 얻고 이 통찰을 바탕으로 수익을 올리고 의사결정을 내리기 위해서 가능한 많은 데이터를 수집하고 분석합니다. 방대한 데이터의 수집과 분석이 가능하려면 우선 정보 사일로(silo)*를 없애고 데이터를 구조화해야 합니다.

다양한 소스에서 끊임없이 정보가 흘러나오죠. 예를 들어 유통업체에서는 운송 부서, 접수 부서, 그리고 고객지원 부서에 각각 정보가 저장됩니다. 이 경우 각 부서가 하나의 정보 사일로인 셈이죠. 유통업체가 정보로부터 최대 가치를 얻으려면, 이 3개의 사일로에 존재하는 정보를 바탕으로 보다 큰 그림을 그릴 수 있어야 합니다.

그런데 각 사일로에 저장된 정보에는 다양한 유형의 데이터가 존합니다. 이 때문에 데이터를 활용하는 것이 훨씬 더 복잡해집니다. 유통업체는 간단한 데이터 유형에 속하는 고객의 전화번호와 보다 복잡한 데이터 세트로 구성된 구매 이력을 데이터베이스에 저장해야 합니다.

기본적으로 데이터 세트(data set)**에는 두 가지 유형이

---

* 데이터가 전체적으로 통합되지 않고 개별 부서나 사업 부문별로 활용되는 것을 말한다.

있습니다. 구조적 데이터(structured data)[***]는 쉽게 이해 가능한 형식으로 정리되어 있습니다. 이름, 나이, 성별 그리고 날짜가 구조적 데이터에 속하죠. 반면 비구조적 데이터(unstructured data)[****]는 다양한 소스에서 생성된 데이터이고 그 형식도 다양합니다. 유튜브, 트윗, 페이스북 게시글과 인터넷 댓글이 비구조적 데이터에 속해요.

원업웹은 비구조적 데이터를 이렇게 정의해요.

기본적으로 모든 데이터가 비구조적 데이터다. 쉽게 분류할 수 없는 데이터는 비구조적이다. 사용자 생성 콘텐츠(user-generated content)와 사용자 활동이 비구조적 데이터의 상당 부분을 차지한다. 유튜브에 업로드되는 동영상과 소셜 미디어 계정에 포스팅되는 글이 비구조적 데이터의 대표적인 사례다. 참고로 1분마다 100시간 이상의 동영상이 유튜브에 올라오고, 2012년 페이스북에는

[**] 컴퓨터가 처리하거나 분석할 수 있는 형태로 존재하는 관련 정보의 집합체를 말한다.

[***] 여러 개의 단순 데이터가 어떠한 구조를 가지고 모여서 이루어진 복합적인 데이터를 말한다.

[****] 그림이나 영상, 문서처럼 형태와 구조가 복잡해 정형화되지 않은 데이터를 말한다.

1분마다 51만개의 글이 올라왔다. 휴대폰이 생성한 GPS
의 위치 데이터처럼 수동적으로 생성된 정보도 비구조적
데이터에 속한다.

° 데이터 전략

에이미 데이터의 활용이 얼마나 중요한지를 알겠네요. 혁신
을 촉진하고 더 좋은 결정을 내리고 부족한 점을 개선하려면
데이터 전략이 필요하겠어요. 이제 데이터 전략에 대해서 이
야기해보죠.

크리스 다른 모든 전략과 마찬가지로 우선 데이터 전략에
대한 합의가 이뤄져야 합니다. 필요하다면 하나 이상의 조직
이 데이터 전략에 동의를 해야 하죠. 이런 합의를 전제로 하
는 데이터 전략만이 경영에 도움이 됩니다. 예를 들어보죠.
소매업자는 전자 데이터 교환(electric data interchange, EDI)*을
통해 벤더와 창고업자에게 정보를 전송합니다. EDI는 상품

---

* 기업 간에 데이터를 효율적으로 교환하기 위해 지정한 데이터와 문서의
표준화 시스템이다. 사무, 서류 등의 물리적인 수단에 의해 교환되어 온 수주,
발주 등 다른 기업 간의 거래 활동에 관한 정보를 전자화하고, 일정한 표준에
따라 네트워크를 통해 정보 통신 시스템 간에 직접 교환하는 것을 말한다.

과 주문 등에 관한 정보를 전자적으로 전송하는 시스템입니다. 창고업자가 소매업자가 보낸 정보를 분석하고 이용하려면, 그가 사용하는 소프트웨어가 EDI로 전송된 데이터를 인식할 수 있어야 합니다.

합의된 기준이 없으면, 데이터의 활용도는 심지어 단순한 작업을 수행하는 경우조차도 떨어집니다. 인공지능과 같은 보다 고차원의 작업을 수행하는 경우에는 합의된 기준 혹은 전략이 없는 데이터는 쓸모가 없죠.

에이미 기업은 공격적 데이터 전략과 방어적 데이터 전략을 동시에 구사해야 합니다. 방어적 데이터 전략은 데이터 규제를 준수하고 비용을 줄이고 리스크를 완화하고 다른 비즈니스 목표를 달성하기 위해 필요하죠. 반면, 공격적인 데이터 전략은 수익을 개선하고 새로운 상품과 서비스를 개발하고 투자수익률을 올리고 사업을 확장하기 위해서 필요해요.

크리스 일단 데이터 전략이 정의되고 그에 대한 합의가 이뤄지면, 데이터 전략은 상당한 경쟁 우위를 낳습니다. 페이팔의 사기 감지 시스템을 살펴보죠. 페이팔의 알고리즘은 표준편차에서 벗어난 결제인지 아닌지를 판단합니다. 표준편차에서 벗어났다고 판단하면 사기 조사 부서에 알리고 고객에게 본인인증을 요청합니다. 고객이 청구한 결제임이 확인되거나 문제가 해결되기 전까지 페이팔의 알고리즘은 해당 계정을 잠그죠. 페이팔 사용자들은 여기서 일종의 마음의 평화를 얻습니다. 왜냐하면 자신들이 보호받고 있다는 사실을 알기 때문이죠. 이것이 페이팔의 브랜드를 강화합니다.

페이팔의 데이터 전략은 고객을 최우선으로 생각하고 그들의 계정과 돈을 보호하는 사기방지정책을 지원하죠. 이러한 데이터 전략 덕분에 페이팔은 경쟁 우위를 얻었어요. 데이터 전략을 포함해서 여러 가지 이유로 페이팔은 세계에서 최고 결제 시스템 중 하나죠.

에이미 페이팔은 머신러닝을 이용해서 사기 감지 시스템을 지속적으로 개선하고 있어요. 그래서 새로운 유형의 악의적인 활동을 신속하게 발견하고 예방하고 있죠. 이렇게 점진적으로 시스템을 개선하는 페이팔의 정책은 수익 흐름을 증가시키고 시장 입지를 강화하고 유지하는 데 도움이 됩니다.

항상 문제는 어떻게 데이터를 수집하고 활용할 수 있게 준비하느냐 입니다. 데이터를 활용하려면, 데이터를 수집하고 적절한 형식으로 저장하고 필터링하고 구조화해야 합니다.

그리고 데이터의 속성과 저장 위치를 표시하고 쓸모 있게 조작해야죠. 가공되지 않은 정보는 효율적이고 효과적으로 사용할 수 없습니다. 그래서 그 누구에게도 도움이 되지 않죠. 하버드 비즈니스 리뷰에 따르면, '데이터가 개입된 업무의 80%는 데이터를 획득하고 준비하는 것'입니다.

크리스 게다가 데이터는 저장과 처리 작업이 필요합니다. 이런 작업에는 시간과 비용이 들죠. 방대한 정보를 저장하고 처리하기 위해서는 대량의 디스크(저장장치)와 고성능 컴퓨터와 같은 기반설비가 대량으로 필요합니다. 후반부에서 이런 기반설비에 대해 좀 더 논의해보도록해요. 이런 기반설비는 AI를 구성하는 큰 퍼즐 조각입니다. 어디에나 두루 적용되는 설비는 존재하지 않아요.

시스코는 IoT가 2019년까지 500제타바이트 이상의 인터넷 트래픽을 생성할 것이라고 추정했습니다(1제타바이트는 1,000기가바이트와 같죠). 이 모든 정보는 어딘가에 저장되어야 하고 분류되고 인덱스를 설정해야 쓸모가 생깁니다.

에이미 월마트의 로지스틱스와 공급망이 이 세계적인 유통업체의 성공에 큰 역할을 했어요. 월마트는 2014년에 4,760

억 달러의 매출을 기록했습니다. 그리고 4,100개 이상의 매장을 관리하고 벤더와 창고업자로부터 매장으로 상품을 배송하기 위해 거대한 공급망을 운영하고 있어요. 월마트의 공급망은 최적화되어 있습니다. 그래서 월마트는 시간을 절약하고 보다 비용 효율적으로 재고를 관리하고 물량을 예측할 수 있어요. 월마트는 새롭게 떠오르는 기술에 투자해서 공급 시스템의 효율을 개선하고 있죠. 그리고 유통 시스템에 존재하는 데이터 접점에서 수집한 데이터를 이용해 상품 계획을 세우고 수요를 예측하고 재고를 관리하고 있습니다.

크리스 월마트는 데이터를 하나의 사업전략으로 활용하고 있습니다. 많은 소매업체와 마찬가지로 월마트도 2008년 금융위기의 영향을 받았죠. 당시 월마트는 수천 개의 한계 스큐(stock keeping unit, SKU)*를 줄이기 위해서 공격적 데이터 전략과 방어적 데이터 전략을 모두 사용했어요. 매장에 남아 있던 구질구질한 상품을 모두 없애고 빠른 매출 성장세를 보이는 제품을 확보하고 공급망의 효율성을 개선했죠.
　월마트뿐만 아니라 많은 기업이 데이터 전략을 활용하고

---

* 상품 관리와 재고 관리를 위한 최소 분류 단위다.

있어요. 공식적인 데이터 전략이 없는 기업도 실제로는 데이터 전략을 활용하죠. 기업이 데이터 전략을 고민해서 수립하지 않는 경우에는 데이터 전략이 자연스럽게 정의되고 세워지기도 합니다. 소기업은 데이터를 진지한 고민의 대상으로 여기지 않을 수 있습니다. 하지만 소기업도 사업과 관련한 문제를 해결하기 위해서 데이터를 이용해야 합니다. 심지어 작은 구멍가게도 신용 카드를 승인하고 재고를 주문해요. 그러니까 조직의 규모에 상관없이 모든 기업이 조직의 니즈를 충족시키기 위해서 어떤 식으로든 데이터를 활용하고 있습니다.

에이미 어떤 기술이 필요한지에서부터 기반 시스템을 어떻게 실행하고 하루에 데이터를 얼마나 활용할지에 이르기까지 데이터를 활용하고자 할 때 고려해야 할 사항은 아주 많습니다. 심지어 기업의 정보기술 전략과 어울리는지도 생각해야 합니다.

크리스 기억해두세요. 기업은 우선 비즈니스 전략을 정의해야합니다. 이렇게 비즈니스 전략이 수립되면, 이를 중심으로 조직의 구성원들이 보조를 맞추고 협업해서 목표를 달성해

나가죠. 그러므로 비즈니스 전략이 데이터의 활용의 중심이 되어야 합니다. 비즈니스 전략을 중심으로 데이터 전략을 수립해서 데이터를 활용해야 한다는 말입니다. 그 반대가 되면 안 되죠. 비즈니스 전략이 데이터와 기반시설에 의해 휘둘리면, 기업은 혼돈에 빠집니다.

기업이 기반시설과 데이터 모델을 바탕으로 성장을 제한하는 것은 흔한 일입니다. 그 때문에 기업은 환경 변화에 대응할 기회를 놓치죠. 결국 이런 행동이 기업의 성장에 제약이 됩니다.

에이미 초반에 논의했던 주제로 되돌아가보죠. 기업은 고객과 직원을 최우선시할 때 번영합니다. 하버드 비즈니스 리뷰는 '구글, 아마존과 같은 기업들이 번창하는 이유는 고객에게 정보를 제공해서가 아니라 그들에게 빨리 의사결정을 내리고 행동할 수 있는 지름길을 제공하기 때문'이라고 했어요.

크리스 기반시설을 확장한다는 것은 쉽지 않습니다. 그리고 비즈니스 전략이 바뀌었다고 그에 맞춰 기반시설을 바꾸는 것도 쉬운 일은 아니요. 이런 기반시설의 특성이 기업의 성장을 저해하고 경쟁사에게 시장 점유율을 높일 수 있는 기회를 제공할 수 있어요. 한 소매업체가 1년 안에 전 세계에 매장 50개를 오픈하겠다는 비즈니스 전략을 세웠다고 쳐요. 매장의 증가 속도에 맞춰 확장할 수 있는 기반시설과 데이터 모델에 투자하지 않았다면, 목표 실현은 불가능합니다.

에이미 그게 사실인가요? 기반시설이 매우 중요한 것 같네요.

크리스 기반시설은 필수죠. 데이터를 주제로 아주 흥미로운 대화를 나눴네요. 데이터 전략은 예술과 과학이 만나는 순간에 나오는 것 같아요. 체계적인 논리로 데이터에서 통찰을 끌어내는 것이 데이터 전략이죠. 과학이 체계적인 논리를 제공하고 창의력이 통찰을 끌어내죠. 가장 혁신적인 아이디어들 중 일부는 전통적으로 좌뇌가 활성화되는 (논리적인) 학문에서 나온다는 주장이 있어요.

에이미 그렇다면 이제 확장성 있고 비용 효율적인 솔루션에 대해서 좀 더 대화를 나눠볼까요?

제4장

기반시설
: 기반시설의 필요성

에이미 크리스, 전구 하나를 교체하는 데 몇 명의 소프트웨어 엔지니어가 필요할까요?

크리스 모르겠어요. 에이미, 몇 명이 필요하죠?

에이미 한명도 필요 없어요. 전구 교체는 하드웨어 문제니까요.

크리스 재미있있네요. 하드웨어라는 말이 나와서 하는 이야기인데, AI 프로젝트에는 적절한 기반시설이 필요하죠. 기업은 응용 프로그램을 어디에 설치할지 결정해야 합니다. 예를 들어 사내 컴퓨터 서버를 설치할지 아니면 클라우드에 설치할지를 결정하는 거죠. 사내 컴퓨터 서버와 클라우드를 동시에 사용할 수도 있어요. 어떤 서버를 사용할 것이냐가 기본적으로 결정해야 할 사항입니다. 이 결정에 따라 기반시설이 달라지죠.

기반시설은 통신시설, 네트워크, 컴퓨터실, 디스크, 가상기계(virtualized machine)* 등 응용 프로그램을 지원하는 모든 하드웨어를 말해요. 쉽게 말해서 기반시설은 응용 프로그램을 설치하는 작업대죠.

°기반시설 구축의 어려움

에이미 하지만 대부분의 기업은 AI 프로젝트를 위해서 처음부터 완전히 새로운 기반시설을 구축할 여유가 없어요. 이게 문제에요. 기업은 기존의 시스템을 확장하고 새로운 시스템을 구축하는 동시에 경영에 필수적인 레거시 시스템(legacy system)**을 처리해야 합니다. 이 때문에 기반시설의 확장과 조

---

* 실제로 있는 컴퓨터 시스템을 여러 명의 사용자가 동시에 사용할 수 있게 하기 위해서 그 컴퓨터 시스템을 마치 여러 대의 작은 컴퓨터 시스템이 있는 것처럼 분할하여 만든 것이다.
** 과거로부터 물려 내려온 기술, 방법, 컴퓨터 시스템 및 응용 프로그램으로 새로이 대체 가능한 기존의 기술이다. 아직 사용자가 필요로 하는 기능을 가지고는 있지만 현재 사용 가능한 더욱 새롭고 효율적인 기술 및 기법이 아닌, 이전의 시스템을 의미한다.

정이 복잡해질 수 있어요.

비즈니스는 계속되어야 합니다. 심지어 기존의 기반시설을 확장하거나 새로운 시설을 세우는 동안에도 말이죠. 외부(클라우드) 기반시설을 더 많이 활용하는 순간에도 비즈니스는 계속되어야 합니다. 가끔 기반시설을 확장하거나 조정하는 것이 상대적으로 쉬운 경우도 있어요. 예를 들면, 새로운 컴퓨터 디스크에 플러그만 꽂는 거죠. 반면에 완전히 새로운 컴퓨터실을 만들어야 할 수도 있죠. 물론 하이브리드식 접근법을 취할 수도 있어요. 새로운 설비를 작동시킨 이후에도 기존의 설비를 계속 작동시키는 거죠. 주로 기존에 사용하던 응용프로그램을 새로운 설비에 옮길 수 없을 때가 해당됩니다.

크리스 이해를 돕기 위해 한 식료품점의 사례를 살펴보죠. 식료품점은 공들여서 머천다이징(merchandising)[*], 로지스틱스, 고객관계관리(customer relationship management, CRM)[**], 회계 시스템 그리고 기타 시스템을 구축했어요. 그리고 시스템을

---

[*] 시장조사와 같은 과학적 방법에 의거하여, 수요 내용에 적합한 상품 또는 서비스를 알맞은 시기와 장소에서 적정가격으로 유통시키기 위한 상품화계획이다.

[**] 고객과 관련된 기업의 내외부 자료를 분석, 통합하여 고객 특성에 기초한 마케팅 활동을 계획하고, 지원하며, 평가하는 과정이다.

지원하는 하드웨어와 응용 프로그램들도 만들었죠.

에이미 많은 소매업체들과 마찬가지로, 그 식료품점은 조직의 니즈에 꼭 맞게 머천다이징을 설계했어요. 그런데 여전히 오래된 데이터베이스와 더 이상 지원되지 않는 하드웨어를 사용하고 있어요. 사용하고 있는 응용 프로그램은 수년 전에 개발된 것들이고 그 응용 프로그램을 개발한 업체도 더 이상 존재하지 않죠. 게다가 IT 기반시설을 완벽하게 이해했던 유일한 사람이었던 선임 디자이너도 이미 세상을 떠나고 없어요.

그럼에도 식료품점은 10년 동안 맞춤 제작된 응용 프로그램을 사용했어요. 응용 프로그램도 아무 문제없이 작동되었죠. 모든 응용 프로그램은 유니데이터라 불리는 오래된 데이터베이스 플랫폼을 사용했고 백스 하드웨어의 오픈VMS 운영시스템에서 작동됐어요. 그런데 식료품점이 급격히 성장하면서 기존의 시스템을 새로운 시스템으로 교체해야만 했죠.

그래서 식료품점은 기존의 머천다이징 데이터를 완전히 새로운 응용 프로그램과 함께 최신 하드웨어에서 작동하는 오라클 기반 시스템으로 이전하기로 결정했어요. 그리고 급여 시스템과 같은 다른 시스템은 SaaS로 옮기고 회계시스템은 마이크로소프트 SQL에서 작동되는 SAP시스템으로 전환

했죠. SAP는 경영과 고객관계를 관리하는 기업용 소프트웨어를 개발하는 소프트웨어 개발업체입니다.

식료품점은 하드웨어를 구입하고 적절하게 배치해야 했습니다. 그리고 네트워크를 설치하고 운영 시스템과 데이터베이스를 구축하고 기존의 데이터를 완전히 새로운 응용 프로그램으로 옮겨야 했죠. 새로운 시스템이 완전히 자리를 잡을 때까지 식료품점은 오래된 레거시 시스템을 계속 유지하고 사용해야 했어요.

새로운 기반시설이 자리를 잡도록 계속 교체 계획을 세우고 조정했죠. 시스템이 완전히 교체하는 데 수년이 걸렸어요.

° 레거시 시스템

크리스 스타트업이라서 좋은 점이 있어요. 바로 레거시 시스템을 걱정할 필요가 없다는 것이죠. 스타트업은 아무것도 없는 백지 상태에서 기반시설을 구축할 수 있어요.

에이미 앞서 살펴본 식료품점은 결정을 내려야 했어요. 오래된 응용 프로그램, 데이터베이스와 하드웨어를 사용해서 계속 영업을 할 수 있을까? 할 수 있다면, 기존의 시스템을 지원하기 위해 기술자들을 고용하고 교육시킬까? 아니면 새로운 응용 프로그램과 기반시설을 구축하고 모든 데이터를 이전할까? 모든 접근법에는 장점과 위험이 존재합니다. 그래서 기반시설을 구축하거나 교체할 때 비즈니스를 위험에 빠뜨리지 않도록 철저한 이해와 매끄러운 이행이 필요합니다.

오래된 하드웨어, 데이터베이스와 응용 프로그램을 버리기로 결정하면, 새로운 질문에 답해야 합니다. 응용 프로그램을 내부적으로 관리를 할 것인지 아니면 외부 벤더에 아웃소싱을 줄 것인지에 대한 결정을 내려야 하죠. 그리고 SaaS가 적절한 경우가 있는지도 살펴야 하죠. 무슨 하드웨어, 네트워크 그리고 데이터베이스를 사용할지도 결정해야 합니다. 각각의 옵션과 관련하여 어떤 인력이 필요한지도 생각해봐야 하고 재난 복구(disaster recovery)*와 비즈니스 연속성(business continuity)**에 대해서도 고민해야 합니다.

크리스 기존의 머천다이징을 교체할 새로운 응용 프로그램

---

* 하드웨어나 소프트웨어의 재해 발생에 대비하여 이러한 재해가 발생했을 때 취해야 할 행동을 미리 준비하는 것이다.
** 조직에 심각한 영향을 끼칠 수 있다고 판단되는 재해나 사고가 발생했을 때, 핵심업무를 우선 복구함으로써 그 영향이 조직이 견딜 수 있는 수준 내에 있도록 임무와 절차를 개발하는 절차다.

을 설계하기 위해서 외부업체를 고용한 소매업체에 대한 이야기를 들은 적이 있어요. 이 소매업체는 응용 프로그램을 개발하고 훨씬 빠른 하드웨어를 확보하는 데 수백만 달러를 투자했죠. 그러나 새롭게 개발한 응용 프로그램과 하드웨어는 제대로 작동하지 않았다고 하더군요. 새로운 하드웨어는 예전 하드웨어보다 약 100배 빨랐어요. 그러나 주문 프로그램은 주문 하나를 처리하는 데 짧게는 2분에서 길게는 거의 한 시간이 걸렸죠. 조사 결과, 품질보증시스템의 테스트 프로그램이 잡아내지 못했던 버그가 발견됐습니다. 버그를 수정하니 성능은 개선되었지만 예전 프로그램보다 훨씬 못했어요. 그래서 백만 달러 이상을 더 투자했죠. 그리고 나서야 새로운 데이터베이스와 응용 프로그램의 성능이 합리적인 수준으로 개선되었다고 합니다.

에이미 그러니까 기반시설은 머천다이징을 정확하게 지원하도록 설계되었지만 응용 프로그램과 데이터베이스에 비효율적 요소들과 버그가 존재했다는 말이군요.

크리스 정확해요! 이 사례에서 문제는 기반시설이 생산 환경을 그대로 재현한 전용 테스트 시스템을 이용해서 설계되지 않았다는 겁니다. 그러니까 실제 상황을 가정한 시나리오에서 새로 개발한 응용 프로그램을 테스트할 수 없었던 거죠. 그래서 실제로 새로 개발한 응용 프로그램을 작동시켰을 때 성능 문제와 오류가 발생했던 거죠.

° 기반시설의 아키텍처

에이미 전체 그림을 이해하는 것이 중요하겠어요. 한걸음 물러나서 기반시설의 아키텍처에 대해서 논의해볼까요? IT 기반시설은 어떻게 생겼나요?

크리스 기본적으로 기반시설은 여러 층으로 구성되어 있어요. 첫 번째 층은 네트워크이고 두 번째 층은 서버와 디스크 드라이버와 같은 하드웨어입니다(클라우드 기반 하드웨어도 두 번째 층에 속해요). 기반시설의 아키텍처에 대해 논의하려면 운영시스템과 가상화(virtualization)*에 대해서도 살펴봐야 합니다.

---

* 물리적으로 다른 시스템을 논리적으로 통합하거나 반대로 하나의 시스템을 논리적으로 분할해 자원을 효율적으로 사용케 하는 기술을 말한다. 이를 통해 서로 다른 기종의 서버와 스토리지도 연결해 쓸 수 있으며 한 시스템에서 파티셔닝을 통해 업무간 간섭 없이 서로 다른 종류의 업무를 한번에 처리할 수도 있다.

기반시설의 층

기업이 클라우드에 위치한 IT자원을 활용하는 일이 점점 흔해지고 있습니다. 여기에는 운영비용이 감소되고 고성능 시스템을 이용할 수 있으며 유용성이 높고 재난 복구가 가능하다는 이점이 있죠. 이외에도 이점들은 많습니다. 하지만 클라우드를 사용하려면 네트워크와 통신시설에 많은 투자를 해야 하죠. 모든 작업이 회사 밖에서 이뤄지기 때문입니다. 그래서 일부 기업은 하이브리드 모델을 이용하고 있어요. 일부 응용 프로그램과 데이터는 회사 내에 보관하고 나머지는 클라우드에 보관하는 거죠.

세 번째 옵션은 SaaS입니다. 기본적으로 응용프로그램이나 IT서비스를 제3의 기관에 아웃소싱할 수 있어요. 높은 수준의 커스터마이징이 필요하지 않는 응용 프로그램을 SaaS로 대체하는 것이 가장 적당합니다. 예를 들면, 급여시스템이나 회계시스템과 같은 것들이죠. SaaS가 고객사의 건물 내에서 운영되는 경우도 있지만, 보통 클라우드에 있는 응용 프로그램처럼 외부에서 원격으로 운영됩니다.

많은 기업이 인하우스, 클라우드 그리고 SaaS 기반 응용 프로그램을 혼합해서 사용하고 있어요.

네트워크와 통신망의 크기가 결정에 큰 영향을 줄 겁니다. 속도가 44.736Mbps인 T3 통신망을 사용한다면, SaaS와 클라우드를 사용하기에는 데이터 전송 속도가 너무 느려요. 반면 데이터 전송속도가 2.488Gbps인 OC-48 통신망을 사용하는 기업은 선택의 폭이 넓죠. IT 기반시설과 관련해서 이

외에도 고려할 사항들은 많아요. 그런데 소기업에게는 T3 통신망도 충분해요.

데이터와 응용 프로그램의 호스팅 장소를 결정했다면, 데이터 모델을 정의할 수 있어요. 데이터 모델을 정의하기 전에 통신망의 속도, 네트워크와 컴퓨팅 자원에 대해 파악하고 있어야 합니다. SaaS의 경우, 데이터 모델은 이미 정의되어 있겠죠. SaaS를 사용하더라도 회사 내 다른 시스템과 SaaS 기반 응용 프로그램이 서로 정보를 주고받을 수 있도록 임포트(import)[*]와 엑스포트(export)^{**}가 구축되어야 할 겁니다.

데이터 모델이 정의되면, 데이터베이스의 정의가 가능합니다. 데이터베이스를 정의할 때 어느 데이터베이스를 사용할지도 결정해야 합니다. 오라클과 SQL 모두 훌륭한 프로그램이죠. 각각 장점과 단점을 가지고 있어요. IT 부서의 기술 역량이 데이터베이스를 선택할 때 제약이 될 수도 있습니다. 응용 프로그램과 벤더로 말미암아 발생한 제약 때문에 하나의 매장에서 SQL과 오라클을 모두 사용하는 경우도 많아요(여기에 다른 데이터베이스 프로그램을 함께 사용하는 경우도 있

---

* 다른 프로그램에서 데이터를 불러오는 것을 말한다.
** 데이터를 다른 프로그램에서 읽을 수 있도록 전환하여 발송하는 것을 말한다.

어요).

오라클이나 SQL로 데이터베이스를 구축했으면, 응용 프로그램을 실행할 수 있어요. 머천다이징, 회계시스템, 로지스틱스, 급여시스템 등 기업 운영에 필수적인 프로그램이 해당됩니다. 주문형이나 특수 목적용 응용 프로그램도 해당되죠.

이와 동시에 데이터베이스에서 작동되고 응용 프로그램이 관리하는 정보를 이용하는 AI 응용 프로그램을 정의할 수도 있죠.

전체 IT 기반시설과 관련해서 인력구성과 관리방식에 대해서도 고려해야 한다는 점을 잊어서는 안 돼요. 대다수 기업이 인하우스 IT직원들을 활용해서 사내 컴퓨터, 네트워크와 응용 프로그램을 운용하죠. 일부 또는 전체 IT 기반시설의 운용을 아웃소싱하는 기업도 있습니다. 긱 경제를 활용하는 경우도 흔합니다. 바로 필요할 때 프리랜서를 고용해서 운용하는 거죠. 대다수의 기업이 자연스럽게 앞에 언급했던 방식들을 혼용해서 사용하고 있어요.

° 기반시설의 설계

에이미   엄격히 말하면, 일반적으로 기반시설은 건물, 네트워크와 서버 그리고 여러 가지 하드웨어를 말하죠. 응용 프로그램과 데이터베이스는 이 기반시설에서 작동됩니다.

크리스 전적으로 동의해요. 그동안 기반시설을 단순화해서 이야기해 했어요.

하지만 실제로 기반시설은 복잡해요 그래서 기반시설을 설계하고 구축할 때 고려할 사항들이 많은 거죠. 게다가 모든 것이 확장 가능성을 갖추고 있어야 합니다. 비즈니스가 성장하면 자원이 더 필요해지죠. 기반시설이 확장 가능성이 있으면, 새롭게 아키텍처를 설계하거나 다시 실행하지 않고 기존 기반시설에 필요 자원을 추가할 수 있어요.

에이미 네, 맞습니다. 그리고 고가용성(high availability)*과 재난복구도 고려를 해야 하죠. 외부 하드웨어나 가상화 층에서 응용 프로그램을 실행하면 사내 IT 기반시설의 아키텍처를 쉽게 설계할 수 있습니다. 컴퓨팅 초기 시절에 재난 복구는 백업과 복원을 통행 실행되거나, 각각의 응용 프로그램이나

---

* 정보기술에서의 가용성이란 서버, 네트워크 등의 정보 시스템이 장애 없이 정상적으로 요청된 서비스를 수행할 수 있는 능력을 나타낸다. 시스템이 장애 상태에 빠져 더 이상 서비스 혹은 자원을 제공하지 못하는 경우 가용성이 저하된다.

데이터베이스에서 프로그램이 재난 복구를 실시했어요. 이 방식은 아주 복잡하고 오류에 취약했죠. 기술의 발전은 하드웨어나 가상 기계가 응용 프로그램과 상관없이 재난 복구를 실행할 수 있도록 했습니다. 덕분에 재난 복구가 훨씬 쉬워졌고 기반시설의 아키텍처가 더욱 탄탄해졌죠.

크리스 각각의 개념을 좀 더 자세히 살펴보도록 하죠.

° 재난 복구

에이미 기업은 재난 등의 비상사태가 발생하더라고 조직이 계속 돌아갈 수 있도록 계획을 수립합니다. 이 계획이 바로 비즈니스 연속성입니다. 재난 시에도 업무를 지속하는 것이 이 계획의 목적이죠.

직원들은 어디서 일할 것인가? 업무 수행에 필요한 설비를 직원들은 가지고 있나? 임시 시설에는 어떻게 갈 것인가? 그리고 기업에 중요한 기록들은 어떻게 할 것인가? 비즈니스 연속성을 수립할 때 이런 것들을 고민해야합니다.

크리스 그래요, 바로 그 마지막 질문은 중요해요. 중요한 기

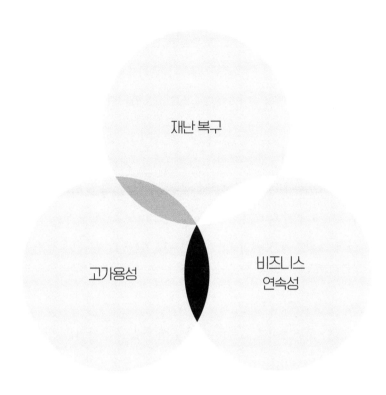

재난 복구

고가용성   비즈니스
              연속성

록을 어떻게 할 것인가. 심지어 요즘도 많은 기업이 방대한 정보를 문서로 보관하고 있어요. 예를 들면, 영업사원들이 매일 사용하는 명함을 관리하는 롤로덱스 카드죠. 하지만 건물 안으로 들어갈 수 없다면, 롤로덱스 카드는 무용지물이 됩니다.

에이미 보통 회계 부서는 인보이스와 각종 서류로 가득한 서류 상자와 파일 서랍을 보유하고 있습니다. 화재 등 재난이 발생하면, 이런 기록들은 파괴되거나 사용할 수가 없어지죠. 비즈니스 연속성이 이런 우려를 해소합니다.

크리스 맞아요. 재난 복구는 일반적으로 컴퓨팅 자원을 위한 계획으로 IT 기반시설에서 실행됩니다. 기업은 비즈니스 연속성과 재난 복구가 모두 필요해요. 비즈니스 연속성은 전사적 차원에서 세워야 할 계획입니다. 단지 IT 부서만의 책임이 아니죠.

에이미 고가용성은 컴퓨터 자원의 설계에 잉여 자원을 집어넣는 것을 의미하죠. 그래서 시스템에 장애가 발생하더라도 시스템은 계속 작동됩니다. 미러링(mirroring)*된 디스크 드라이브가 좋은 예죠.

기업의 은 사외 호스팅된 클라우드와 SaaS서비스에 대한 의존도가 점점 커지고 있습니다. 그 결과 네트워크와 통신망이 아주 중요해졌습니다. 서비스 중단을 막기 위해서 보통 다중 링크가 설정됩니다. 예를 들면, 컴퓨터실에 하나 이상

---

* 장비가 고장 나는 사고가 발생하였을 때 데이터가 손실되는 것을 막기 위하여 데이터를 하나 이상의 장치에 중복 저장하는 것을 말한다.

의 OC3를 설치하고 심지어 각각 다른 통신사로부터 서비스를 받도록 하는 것이죠(OC3기술은 일종의 전송 대역폭으로 반송자(optical carrier)*입니다. 'Optical Carrier3'의 약어죠. 3단계의 동기식 광통신망(synchronous optical network)**을 통해 데이터를 전송해서 붙여진 명칭입니다).

크리스 고가용성에서 이렇게나 많은 컴퓨터가 사용되는군요. 그래서 기업은 충분한 전력을 확보하고 무정전 전원 장치(uninterruptible power supply, UPS)***와 발전기를 확보해두고 있어야 합니다. 물론, 모든 하드웨어가 회사 내에 위치한다는 전제에서 말이죠.

에이미 이것이 클라우드와 SaaS 서비스의 가장 큰 매력 포인트가 되죠. 지금까지의 모든 걱정이 클라우드 서비스를 제공하는 벤더의 몫이 되니까요. 예를 들어, 아마존 AWS는 잉여 프로그램입니다. 재난에 대비해서 설치되고 다른 누군가

---

* 정보 신호에 의해 변조되고 목적하는 장소로 송신됨으로써 정보 전달 역할을 하는 매체다.

** 광매체상에서 동기식 데이터 전송을 위한 표준 기술이다.

*** 평상시 고품질의 안정된 전원 공급과 정전 발생 시 축전지를 이용하여 무정전 상태를 유지해 주는 장치다.

에 의해서 관리되죠. 그리고 벤더가 높은 기준에 따라 서비스를 제공하는지 확인하는 것이 중요합니다.

크리스 이야기가 기술적으로 흘렀네요. 하지만 이런 사항들은 기업의 생존을 위해서 반드시 고려되어야 합니다. 기업이 심지어 최악의 상태에서도 번창하기 위해서 반드시 고려해야 할 요소들이죠. 그리고 기술을 잘 모르는 직원들도 이런 문제의 중요성을 이해해야 합니다.

° 기술의 변화

에이미 기술은 급격하게 복잡하게 변하기 마련이죠. 오류는 초기 설계에서 수정하기 가장 쉽습니다. 일단 코딩이 시작되면 오류를 수정하는 것은 어렵습니다. 그리고 데이터베이스에 내용이 추가되면 오류 수정은 훨씬 더 어려워지고 시스템이 실행되면 극도로 어려워져요. 그런 점에서 애자일과 스크럼은 유용하죠. 이 두 기법은 폭포수처럼 위에서 아래로 내려오는 처리방식인 기존의 워터폴 방식보다 더 빨리 오류를 파악합니다. 이 두 기법에 대해서는 나중에 자세히 살펴보도록 하죠.

크리스 1도만 어긋나도 정상궤도에서 0.2인치 멀어져요. 달로 향했다면, 정상궤도에서 4,169마일 멀어졌을 겁니다. 그러니 정상궤도에서 0.2인치 멀어졌을 때, 오류를 수정하는 것이 훨씬 쉽겠죠?

에이미 맞아요. 가능하다면 기반시설에서 최첨단(leading edge)은 피하라고 이야기하고 싶네요(참고로 최첨단을 영어로 'bleeding edge'라고도 하죠). 최신 기술이나 서비스를 받아들여서 기가 막힐 정도로 좋은 혜택을 얻지 않는 이상, 오랜 세월이 흘러도 건재한 검증된 솔루션을 고수하세요. 이렇게 하면 더 좋고 더 안정된 기반시설을 구축할 수 있습니다. 새로운 운영시스템, 심지어 새로운 버전은 버그와 성능 문제를 가지고 있죠. 물론 시간이 지나면 해결될 것들입니다. 지금 당장 시스템을 업그레이드해야 하는 시급한 이유가 있는 것이 아니라면, 잠깐 기다렸다가 문제가 해결된 뒤에 시스템을 받아들이는 것이 가장 안전한 방법입니다.

크리스 훌륭한 조언이에요.

에이미 후반부에 좀 더 자세히 논의하겠지만, 기반시설을 설계할 때 보안과 프라이버시를 항상 염두에 두어야 합니다. 처음부터 보안 설계를 해야 가장 효과적인 보안 시스템을 구축할 수 있어요. 그래서 보안은 기반시설을 구축하는 작업에 관여된 모든 사람들의 최대 관심사랍니다.

크리스 지금까지 기반시설과 데이터에 대해서 살펴봤습니다. 이제 AI에 대한 논의를 시작한 토대가 마련되었네요.

제2부

인공지능의
활성화

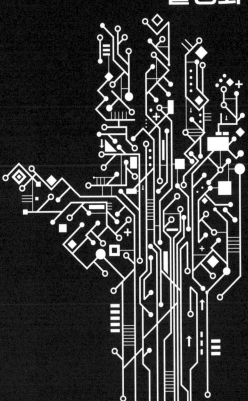

제5장

인공지능
: AI 혁명의 정의와 배경

° 4차 산업혁명

크리스 많은 사람들이 AI가 인류에게 전기의 발명에 맞먹는 영향을 미칠 것이라고 말해요.

에이미 네. 혹자는 이것을 4차 산업혁명이라고 부르죠. 그리고 AI가 인간 사회에 역사상 가장 극적인 변화를 낳을 것이라 주장합니다. 이해하기 쉽게 말하면, 맥킨지에 따르면 최근에 AI가 산업혁명보다 10배 빨리 그리고 300배 큰 규모로 발전하고 있습니다.

크리스 AI가 이뤄낼 일들에 대해서 생각해봐요. 자율주행은 화물업계를 바꿀 겁니다. 실제로 사고를 없애고 배달 시간을 개선할 거예요. 사마트시티는 에너지 사용량과 오염을 줄일 수 있어요. 스마트 팩토리도 있죠. 스마트 팩토리는 불량 없이 똑같은 제품을 만들어낼 겁니다. 그리고 붕괴와 유독 연기로 인한 사망 사고를 없앨 스마트 마이닝도 있어요. 스마트 팜은 물과 비료를 훨씬 적게 사용하고도 몇 배나 많은 식량을 생산할 겁니다.

뎅기열 이야기를 해볼게요. 뎅기열은 이 지구상에서 가장 치명적인 바이러스입니다. 마이크로소프트는 해충을 구분해내는 로봇 모기 덫을 개발하고 있어요. 소형 레이저를 이용해 아주 작은 해충만 잡아서 죽일 수 있는 기술이죠. 뎅기열은 모기를 통해 전염되기 때문에 이 로봇으로 모기를 죽여서 바이러스를 퇴치할 수 있을 겁니다.

AI를 이용해서 해충제를 사용하지 않고 뎅기열과 싸울 수 있다는 이 아이디어는 아주 혁신적이죠. 기술이 인간 사회를 어떻게 변화시킬지를 보여준답니다.

에이미 기술은 인류의 삶을 개선할 겁니다. 그 가능성은 무궁무진하죠. 마빈 민스키는 저서 《감정 기계(The Emotion Machine)》에서 AI를 '여행가방 단어(suitcase word)'라고 불렀어요. 많은 여행 용품이 담긴 여행가방처럼, AI에 많은 하위 콘

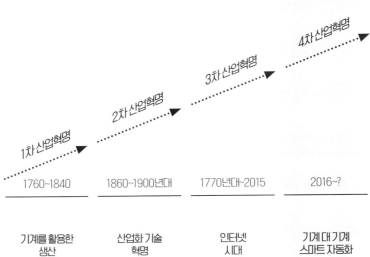

1차 산업혁명	2차 산업혁명	3차 산업혁명	4차 산업혁명
1760~1840	1860~1900년대	1770년대~2015	2016~?
기계를 활용한 생산	산업화 기술 혁명	인터넷 시대	기계대 기계 스마트 자동화
섬유산업 증기력 공작기계 화력발전	공장 전화(電化) 대량생산 조립라인 전신 TV와 라디오 컨베이어 벨트	컴퓨터 SAP B2C B2B 클라우드	무인 자동차 스마트 로봇 IoT 3D프린팅 글로벌소싱* 완전 자동화

4차 산업혁명

www.raymondjames.com/forefront/industrials/text/welcome-to-the-fourth-industrial-revolution

셉트가 담겨 있다는 의미죠. 필요할 때 가방을 열고 개념을

* 기업의 구매활동 범위를 범세계적 시야로 확대, 외부조달 비용의 절감을 시도하는 구매전략이다.

분석할 수 있는 여행 가방이요. 이것은 '인공지능'의 의미는 광범위하고 다양한 분야에 사용될 수 있다는 의미입니다. 이처럼 인공지능을 단 하나로 정의할 순 없어요.

요즘 AI는 '지능형 에이전트에 관한 학문이고 설계'라고 정의돼요. 지능형 에이전트는 주변 환경을 인식하고 상황을 토대로 행동하는 시스템입니다. AI의 주제는 컴퓨터 과학, 데이터 마이닝(data mining)*, 얼굴인식, 로봇공학과 인간의 마음을 연구하는 학문의 주제와 겹쳐요.

재미있는 주제로 이어지네요. 인공지능을 완전히 이해하려면, 인간 지능에 대해서 이야기를 해보죠.

° 인간 지능

크리스 많은 사람들이 지능은 하나의 테스트나 기준으로 측정할 수 있다고 생각하죠. 하지만 실제로《다중 지능: 학문의 새로운 지평(Multiple intelligences: New horizons in theory)》에 따르면 인간 지능은 9가지 유형으로 분류됩니다.

지능의 9가지 유형은 자기성찰 지능, 공간적 지능, 자연관

---

* 많은 데이터 가운데 숨겨져 있는 유용한 상관관계를 발견하여, 미래에 실행 가능한 정보를 추출해 내고 의사 결정에 이용하는 과정을 말한다.

찰 지능, 음악적 지능, 논리-수학적 지능, 실존지능, 대인관계 지능, 신체-운동적 지능 그리고 언어적 지능입니다. 모든 사람들이 이 9가지 지능을 가지고 있어요. 물론 사람마다 각 지능의 발달 정도는 다르겠죠. 어떤 사람들은 공간적 지능이 약한 대신 음악적 지능이 강하고 다른 어떤 사람들은 실존지능이 강하지만 내향적이어서 대인관계 지능이 약하기도 합니다.

도널드 크누스는 우수한 수학적 지능으로 잘 알려져 있죠. 그는 《컴퓨터 프로그래밍의 예술(The Art of Computer Programming)》의 저자로도 유명합니다. 하지만 도널드 크누스는 음악적 재능으론 유명하지 않죠. 반면 바흐는 음악적 지능은 뛰어나지만 논리-수학적 지능은 약했어요. 레오나르도 다빈치를 볼까요? 레오나르도 다빈치는 과학자이자 예술가로 유명하죠. 사람들은 '예술의 과학과 과학의 예술'을 공부해야 한다고 이야기한 것으로 전해져요.

그러나 인간은 전체론적 존재입니다. 딱 하나의 유형으로 사람을 분류할 순 없어요. 그래서 인공지능이 복잡한 거죠. 인공지능의 목적은 어느 수준으로 인간의 마음을 재설계하는 기술이니까요.

나중에 논의하겠지만, AI의 윤리적 이용에 대해서는 의견

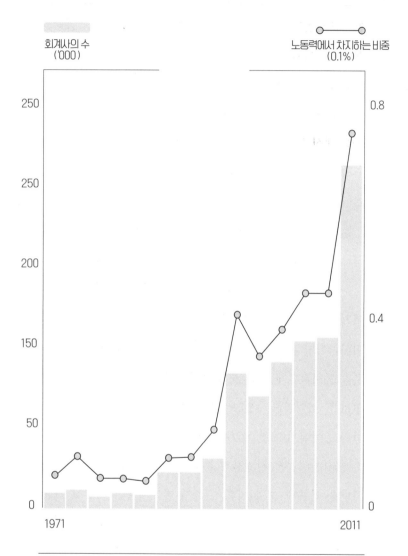

지식 집약형 일자리에 대한 기술의 영향
잉글랜드와 웨일스 인주조사 1971~2011

이 분분합니다. 프로그램적 측면과 철학적 측면에서 말이죠. AI가 인간 사회와 상호작용을 바꿀 가능성은 무한하죠. 새롭고 급진적인 기술이 모두 그렇듯이, AI도 부작용을 낳을 겁니다. 부작용에는 여러 가지가 있죠. 그 중 첫 번째가 일자리에 대한 영향이고 두 번째는 AI가 인간 행동과 상호작용에 미칠 영향입니다. 그리고 세 번째는 보완과 AI를 미심쩍은 목적으로 사용하는 사람들로부터 보호하는 것이죠.

AI의 일자리에 대한 효과에 대하여 다니앨 로칼레는 다음과 같이 말했습니다.

> 기술이 정말 일자리를 파괴했다면, 일자리는 단 하나도 남지 않았을 것이다. 지난 30년 동안 우리가 목격한 기술혁명은 유례없고 폭발적이었다. 그 결과 일자리의 종류와 수 그리고 급여 수준이 증가했다. 독일 바바리아가 가장 좋은 사례다. 바바리아는 고도로 기술화와 로봇화되었고 실업률은 역대 최저치인 2.6%다. 한국에서도 동일한 현상이 일어났다. 이것이 기술 혁명이 세계에 미치는 일반적인 영향이다.

2015년 싱가포르 연구진은 AI를 이용해 실험을 했어요. 실제 사람들의 의사결정에 영향을 줄 수 있는 응용 프로그램을 개발하는 것이었습니다. 연구진은 대중교통 지연에 대한 사람들의 인내심 한계에 대한 정보를 수집했어요. 교통 체증과 교통 혼잡을 줄이는 데 이렇게 수집한 정보를 활용할 수 있었죠. 이 서비스 덕분에 사람들은 이전보다 더 만족스럽게 대중교통을 이용하고 있어요.

에이미 지능의 유형, 일자리에 대한 AI의 영향 그리고 AI가 인간과 사회에 줄 수 있는 영향을 잘 보여주는 사례와 설명이었어요. 그럼 지금부터 AI의 발전 과정에 대해 이야기 해봐요.

° AI의 사이클

크리스 1956년 여름, 다트머스 대학교의 연구진은 사람처럼 행동하고 생각하는 기계를 발명했어요. 목표는 인공적인 지능이 있는 존재를 만드는 것이었죠. 당시 최첨단 기술이라 불리던 게 펀칭 카드를 이용한 메인프레임이었어요. 이점을 고려하면, 다트머스 대학교가 개발한 AI는 혁신적인 첨단기술이었죠.

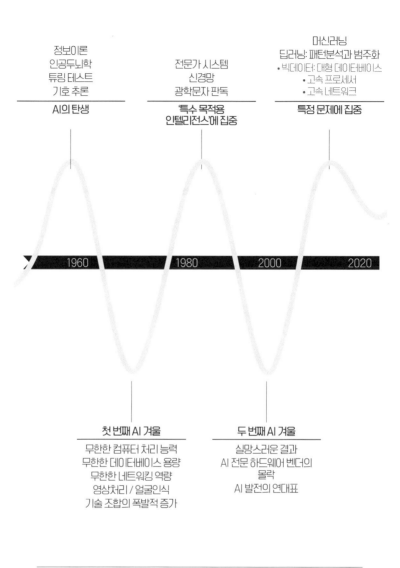

정보이론
인공두뇌학
튜링 테스트
기호 추론

AI의 탄생

전문가 시스템
신경망
광학문자 판독

'특수 목적용
인텔리전스'에 집중

머신러닝
딥러닝: 패턴분석과 범주화
• 빅데이터: 대형 데이터베이스
• 고속 프로세서
• 고속 네트워크

특정 문제에 집중

1960   1980   2000   2020

첫 번째 AI 겨울

무한한 컴퓨터 처리 능력
무한한 데이터베이스 용량
무한한 네트워킹 역량
영상처리 / 얼굴인식
기술 조합의 폭발적 증가

두 번째 AI 겨울

실망스러운 결과
AI 전문 하드웨어 벤더의
몰락
AI 발전의 연대표

AI 발전의 연대표

www.harmon.ie

AI는 호황과 불화를 거듭했어요. 6~7차례 이런 주기가 반복됐죠. 사람들은 한두 개의 돌파구에 환호하다가도 결과가 기대에 못 미치면 환멸을 느꼈어요. 이것은 'AI 겨울'이라고 불립니다. 1950년대 사람들이 두려워했던 핵겨울에서 따온 용어에요. 당시 사람들은 핵 공격 때문에 생명이 살기 어렵거나 불가능한 환경, 즉 어둡고 긴 겨울이 지속될 것이라고 믿었어요. 이것이 바로 핵겨울입니다. 'AI 겨울'에 대한 우려로 AI가 호황기에 접어든지 몇 년 뒤에 자금줄이 말라버렸죠. 그래서 AI 연구를 지속한다는 것이 힘들거나 불가능해졌어요.

1966년 첫 번째 AI 겨울이 왔어요. AI 연구진은 인간의 언어를 번역하는 것이 어렵다는 사실을 깨닫게 됩니다. 냉전이 절정이던 시기에 AI 기술을 이용해서 러시아어 문장 60개를 해석해서 영어로 번역하려는 시도가 있었죠. 초기 결과는 꽤 만족스러웠습니다. 하지만 영어로 번역된 문장을 다시 러시아어로 번역을 하고나서 연구진은 실험이 실패했음을 깨달았죠. 이 시도로 인간 언어의 복잡성이 밝혀졌습니다. 그 결과 AI 연구에 대한 자금지원이 수년 동안 중단되었고 첫 번째 AI 겨울이 왔습니다.

1970년에 마이크로월드(microworld)*로 알려진 두 번째 AI

겨울이 시작됐습니다. 변수의 수를 제한한 환경에서 AI 연구가 진행되면서 호황이 시작됐죠. 변수를 제한하면 실험을 통제하는 것이 훨씬 쉽거든요. 예를 들어 컴퓨터 팔로 A블록을 집고 그 다음에 B블록을 집는 식으로 최대로 제한된 환경에서 AI 연구를 진행했던 거죠. 이런 작은 단위의 상호작용은 효과적이었지만 머지않아 연구자들은 이 아이디어는 확장 가능성이 없다는 사실을 알게 됩니다. 이것인 두 번째 AI겨울로 이어졌죠.

1980년 세 번째 AI 겨울이 시작됐어요. 전문가 시스템 때문이었죠. 모든 변수를 제거하고 확장 가능한 시스템을 만드는 것이 목표였어요. 아래에서 위가 아닌 위에서 아래로 시스템을 설계했어요. 각 분야의 전문가들 한명 한명을 직접 찾아가서 그들의 지식을 수집해서 일련의 규칙으로 코딩했죠. 연구진은 각각의 전문가를 인터뷰했고 그들의 지식을 프로그래밍했습니다. 그러나 전문가 시스템을 구축하는 것은 너무나 많은 시간과 비용이 들었어요. 그래서 이 이니셔티브도 실패로 끝났죠. 이것이 전문가 시스템의 붕괴로 이어지면서 세 번째 AI 겨울이 시작되었습니다.

---

* 흥미로운 사건들이 발생하고 중요한 생각들이 제공되는 잘 정의되었지만 제한된 지식 환경이다.

그러나 2002년 돌파구가 생겼습니다. 머신러닝, 보다 구체적으로 딥러닝이라 알려진 인공지능에 해당하는 기술이 개발됐어요. 이 기술에서 신경망은 마치 인간의 뇌처럼 작동하죠. 그래서 컴퓨터는 학습을 할 수 있는 것이죠. 애플, IBM, 아마존, 마이크로소프트, 페이스북 그리고 어도비와 같은 주요 기술 기업들은 딥러닝의 등장으로 가속화된 AI의 발전에 크게 기여를 하고 있습니다.

에이미 그야말로 AI인 저에게 흥미진진한 시대에요. 단지 저와 같은 가상 어시스턴트가 등장해서 하는 말이 아니에요.

° AI의 성공

크리스 말이 나온 김에, 지난 15년 동안 거둔 AI의 성공에 대해 살펴보죠. 1997년 IBM의 딥 블루가 체스 경기에서 체스 세계챔피언 가리 카스파로프를 이겼어요. 이 시합 전에 사람들은 기계가 이 그랜드 마스터(최소 수준의 체스 선수)를 이길 수 없을 거라고 믿었죠. 2005년 자율주행 자동차가 미국 국방부 산하 연구소 다파의 자율주행 챌린지를 완수했어요. 자율주행 자동차로는 최초였죠.

에이미 2010년 토니 파델은 스마트 홈에서 사용할 최초의 스마트 온도 조절 장치를 개발했어요. 아시다시피, IoT는 지능형 온도 조정 장치, 백열전구, 알람 등의 스마트 기기로 구성되죠. 2010년 토니 파델의 성공으로 더 많은 스마트 기기가 성공적으로 개발되기 시작했습니다.

크리스 그로부터 1년 뒤인 2011년 IBM 왓슨은 퀴즈쇼 제퍼디에서 켄 제닝스를 꺾었습니다. 켄 제닝스는 '나, 자신은 우리의 새로운 컴퓨터 지배자들을 환영한다.'고 말했죠. 같은 해, 쉬리가 아이폰4S에 도입되면서 모바일 플랫폼의 음성 인식 기술을 혁명적으로 바꿨습니다.

에이미 제가 가장 좋아하는 돌파구들 중 하나가 2012년에 있었습니다. 앤드류 응과 제프 딘이 영상 안에 있는 고양이와 같은 이미지를 인식하는 기술을 개발하고 선보였죠. 이것은 이미지 인식 분야에서 진일보한 사건이었습니다.

이것은 시각적 돌파구의 한 사례죠. 음성의 경우, 아마존 에코가 2015년 세계에 출시됐죠. 이 덕분에 사람들은 집에서 편안하게 AI음성 제어로 제품을 주문하고 전등을 켜고 요리법을 찾을 수 있게 됐어요. 이것은 음성 상호작용 혁명의 시작일 뿐이었습니다.

2015년 구글의 딥 마인드 팀이 알파고를 개발했습니다. 알파고는 바둑을 두는 AI로 세계 최고의 바둑기사인 판후이를 5대0으로 꺾고 2017년 바둑 세계챔피언인 커제와의 대결에서 60대0으로 우승했어요. 알파고가 바둑을 둘 수 있다는 것은 복잡하고 섬세한 패턴을 인식할 수 있다는 의미죠.

그리고 2017년 리브라투스가 텍사스 포커대회에서 최고 실력의 인간 플레이어들을 꺾었어요. 이것은 AI가 확률과 추론을 바탕으로 전후 사정을 파악해야 하는 복잡한 사고를 배울 수 있다는 것을 보여줬습니다.

AI가 비즈니스, 산업 그리고 소비자시장에서 점점 뜨거운 이슈를 낳고 있어요.

° AI의 유형

크리스 그렇습니다. 이게 단지 AI 혁명의 시작일 뿐이라는 점을 생각하면 더욱 흥분돼요. 간단하게 AI는 좁은 AI, 일반 AI 그리고 초지능 AI로 나눌 수 있습니다.

현대 AI에 대한 논의에서 좁은 AI가 빠져서는 안 되죠. 좁은 AI는 특정 작업(임무)을 수행하기 위해서 설계된 인공지능을 말해요. 구글 서치는 검색 작업에 특화된 인공지능입니다. 전 세계 사람들이 구글 서치를 사용하고 있어요. AI 챗봇은 고객의 질의에 응답할 수 있는 Q&A 알고리즘입니다. 이러한 AI 기반 응용 프로그램은 고객 서비스에 활용되죠. 고객 서비스 직원에게 고객에게 무엇이 가장 값진 경험이 될지를 조언해줍니다.

일반 AI는 범용 인공 지능(artificial general intelligence, AGI)으로 알려져 있습니다. 일반 AI에는 어느 시점에서 AI가 인간 지능에 맞먹는 지능을 가지게 될 것이라는 생각이 내포되어 있죠. 즉 AI가 환경을 전체론적으로 이해하고 구체적으로 프로그래밍되지 않더라고 다감각 정보를 토대로 결론을 내릴 수 있는 날이 올 것이란 의미입니다. AI의 지능과 인간 지능의 구분이 불가능해지는 순간, AGI가 완성될 겁니다.

초지능은 할리우드 영화에 자주 등장하는 개념이죠. 할리우드 영화는 AI를 인간을 초월하는 엄청난 지능을 지닌 존재로 표현하죠. AI는 인간의 능력을 훨씬 초월하거나 심지어 인간은 이해할 수 없는 문제와 질문을 풀이할 수 있을 정도로 전지전능한 존재로 묘사됩니다.

이번 논의에서 우리는 좁은 AI와 그 실질적인 쓰임새에 대해서 이야기해 봐요.

에이미 '좁은 AI'라는 이름표는 AI의 능력을 제대로 담아내지 못하는 것 같아요. 이 용어가 시사하는 바와는 대조적으로 AI의 역량은 어마어마하죠. 좁은 AI는 머신러닝, 딥러닝, 자연어 처리, 컴퓨터 비전 그리고 기계추론을 포함합니다.

크리스 각 용어의 정의에 대해 살펴보죠. 미리 경고하면, 각 분야의 경계가 명확하지 않아서 각각의 AI 기반 응용 프로그램을 연구하는 학문과 기법이 어느 정도 중첩됩니다.

머신러닝부터 살펴볼까요? 머신러닝은 프로그래밍 여부에 관계없이 환경을 통해 학습하는 AI 기반 응용 프로그램이죠. 예를 들어보죠. 출퇴근 시간이 꾸준히 증가하고 있어요. 2014년 출퇴근 시간의 증가로 1,600억 달러의 생산성 손실이 발생했죠. AI는 이 복잡한 문제를 해결하고 출퇴근 시간을 줄이는 데 도움이 되고 있습니다. 이제 AI가 결합된 트래픽 분석 프로그램은 통근 데이터를 분석하고 학습하여 교통과 도로 기반시설을 관리하고 개선할 수 있죠.

딥러닝은 신경망을 활용합니다. 그래서 인간의 뇌의 생물학적 기능과 구조를 흉내내죠. 신경망이 활용된 최고의 사례는 사람의 손글씨를 인식하는 프로그램입니다. 이것은 프로그래밍하는 것은 굉장히 어려운 작업이에요. 하지만 신경망은 손글씨를 학습하고 자동적으로 규칙을 추론해냅니다.

자연어 처리(natural language processing, NLP)에 AI를 사용할 수 있죠. 인간의 언어를 분석하고 이해하고 이용하기 위해서 머신러닝과 딥러닝이 사용됩니다. 본질적으로 NLP는 음성 언어와 기록 언어를 이해하고 만들어 내고 이 둘을 결합할 수 있어요. 법률업계에서 NLP는 문서 분류에 사용되고 있습니다.

컴퓨터 비전과 기계추론이 결합된 머신러닝/딥러닝은 새로운 분야에서 활용될 수 있죠. 예를 들어, 인간은 사물을 보자마자 바로 그것이 무엇인지 이해하죠. 인간은 책을 보고 의미를 파악해내요. 그리고 심지어 무엇으로 책을 만들었고 어떤 과정을 통해 책이 만들어지는지를 완벽히 이해하고 있지 않아도, 인간은 그 사물이 책임을 알아요. 이제 머신러닝/딥러닝 덕분에 컴퓨터도 인간처럼 이런 복잡한 사고를 할 수 있어요. 컴퓨터 비전과 기계추론으로 인지 시스템은 사물을 인식하고 이해할 수 있는 능력을 가질 수 있어요.

매사추세츠 공과대학은 좁은 AI를 기술이 아닌 역할로 분류해요. 그 중 하나가 어시스턴트 프로그램입니다. 예를 들면 인간 운전자가 운전에 보다 몰입할 수 있도록 돕는 반자동 자동차가 있어요. 모빌아이라는 기업이 있습니다. 모빌아이는 첨단 드라이빙 어시스턴트 시스템을 개발해 운전자가 사고를 피하도록 돕죠. 모빌아이는 이스라엘에 설립된 기업이고 이 기업의 제품은 많은 대중 버스에 설치되어 버스 기사가 사고를 피할 수 있도록 돕고 있어요.

에이미 다른 종류의 머신러닝도 있죠. 지도형 머신러닝, 비지도형 머신러닝, 준지도형 머신러닝, 능동형 머신러닝 그리고 전이형 머신러닝이 있습니다.

크리스 더 깊이 들어가면, 딥러닝도 몇 가지로 분류되죠. 비지도형 사전학습 신경망, 심층신경망, 순환신경망 그리고 반복신경망입니다.

에이미 이런 기법으로 강력한 무언가를 만들어낼 수 있죠. 그러나 여전히 머신러닝이 예측이나 솔루션을 어떻게 도출해내는지를 이해하지 못하고 있어요. 그래서 AI가 블랙박스라 불리죠.

크리스 알고 있어요. 상용화된 시스템 중에서 현재 머신러닝의 사고 과정을 설명할 수 있는 것은 존재하지 않죠.

에이미 하지만 머신러닝과 딥러닝은 패턴을 감지하고 예측하는 데 탁월해요. 그래서 머신러닝과 딥러닝은 이미지와 영상 등에서 문자 데이터와 음성 데이터, 얼굴을 분석하는 데 유용해요.

크리스　이 기법들은 과학적으로 매력적이죠. 그리고 이 기법들 덕분에 고객과 기업을 위한 디지털 혁신이 빠르게 진행되고 있는 겁니다. AI는 소셜 미디어, 모바일, 웹 그리고 클라우드, 그리고 심지어 현실에서 디지털 혁신이 초고속으로 일어나도록 하는 주요 동력 중 하나입니다.

에이미　그건 사실이에요. 가설이 아니에요. AI는 작업흐름, 프로세스, 공급망, 생태계, 예측적 인텔리전스, 고객 서비스 챗봇, 육성, 소셜 미디어, SEO(search engine optimizaion, 검색 엔진 최적화)*, 랜딩 페이지** 그리고 콘텐츠 관리를 포함한 B2B 이슈에 지대한 영향을 미치고 있습니다.

---

*　검색 엔진에서 검색했을 때 상위에 나타나도록 관리하는 것이다. 검색 결과 상위에 링크되는 것이 유리하다. 검색 엔진 최적화 방법으로는 자신의 사이트를 대표할 수 있는 핵심적인 키워드를 두세 개 선택해 이를 사이트 등록에 사용하고, 이를 배너 교환이나 여러 사이트에서 추천 사이트로 등록할 경우 자연히 사용자가 많아지고, 사용자가 늘어나면 사이트의 순위도 올라가게 된다.
**　인터넷의 링크 버튼을 눌렀을 때 연결되는 페이지를 말한다.

크리스 그리고 B2C에도 지대한 영향을 주고 있어요. 최종 상품뿐만 아니라 그 생산과정에도 영향을 주죠. 얼라이브코어는 웨어러블 IoT 기기로 심장의 전기적활성(심전도)을 기록하고 정상적이거나 불규칙한 심장 박동을 감지합니다. 해피테크도 의학용 심전도 측정기기를 개발했죠. 스마트폰의 센서를 이용해서 사용자의 스트레스 수치, 신체 활동 등을 측정하는 기기입니다.

에이미 그러니까 AI는 상품을 개발하는 프로세스에 관여할 뿐만 아니라 최종 상품에도 활용되네요.

°다른 기술과 결합된 AI

크리스 AI의 성공은 다른 기술에 의해 증폭되죠. 그리고 다른 기술과 결합되어 AI는 진화합니다.

IoT는 다양한 기능을 수행하기 위해서 AI를 활용해요. AI는 다른 기기를 연결하는 다리 역할을 할 수 있죠. 이 뿐만 아니라 각각의 스마트기기에 AI가 적용될 수도 있습니다. 스마트 냉장고를 생각해봐요. 스마트 냉장고는 가족의 식단과 음용 루틴을 학습해서 제품이 소진되기 전에 주문을 할 수 있어요. 바이두는 날씨를 모니터해서 비가 올지 안 올지를 예측하여 코트와 우산을 챙기라고 사용자에게 조언해주죠.

산업용 IoT를 살펴보죠. 스마트 공장은 일부 감독자와 기술자를 제외하고 인간의 개입 없이 자동차 등의 상품을 생산할 수 있어요. 이것이 사람들을 지루하고 고된 조립라인에서의 작업에서 해방시키고 위험한 산업 재해로부터 보호하죠. 이 외에도 스마트 마이닝, 스마트 웨어하우스 그리고 선원이 전혀 없는 스마트 선반 등이 있습니다.

의료분야에서 IoT는 엄청나게 활용되고 있어요. 얼라이드 마켓 리서치는 2021년이 되면 IoT 헬스케어 시장이 1,368억 달러에 이를 것으로 내다봤죠. 스마트 의료 기기는 신체의 다양한 부분을 모니터하고 의사와 환자에게 환자의 상태에 관한 정보를 정확하게 전달하고 건강을 개선할 수 있도록 도와줍니다. AI는 모든 스마트 기기에서 전달된 데이터에서 패턴을 발견하고 헬스케어에 관하여 올바른 결정을 내릴 수 있도록 정확한 피드백을 제공하는 데 사용될 수 있어요.

증강현실이 소매 경험을 혁명적으로 바꾸고 있죠. 이케아 AR 애플리케이션으로 사람들은 2,000개 이상의 이케아 가구를 자신의 집에 어디든 배치하여 잘 어울리는지 확인하고 구매 결정을 내릴 수 있어요. 스마트폰에서 애플리케이션을 실행시켜서 집에서 가구를 놓고 싶은 공간을 찍으면 그 위치에 이케아 가구가 배치됩니다.

에이미　의료업계에서 AI를 활용하는 이야기가 나와서 하는 말인데, 지금 통증관리에서 놀라운 일들이 일어나고 있어요. 가상현실이 치료용 도구로 사용되고 있습니다. 통증을 지닌 사람들에게 수술을 받기 전 어떤 식으로 수술이 진행되는지 보여줘서 불안감을 줄여주는 겁니다. 교육용 기기로도 활용됩니다. 1996년 워싱턴 시애틀의 하버뷰 화상센터에서 가상현실이 화상환자의 통증을 줄여주기 위해서 최초로 사용됐습니다.

크리스　블록체인이 빠질 수 없죠. 블록체인이 AI에서 다양하게 쓰일 수 있을 겁니다. 하지만 블록체인은 책 한권을 쓸 정도로 복잡한 개념입니다. 여기서 간단하게 짚고 넘어갈 만한 개념은 아니에요. 본질적으로 블록체인은 가상화폐, 건강기록, 계약서 등의 정보를 공유하기 위해 개발된 분산원장입니다. 블록체인은 보다 안전한 방식으로 방대한 데이터를 저장하기 때문에 AI와 관련이 있어요. 지금까지 이야기했듯이, AI는 데이터에 기반을 두죠.

에이미 AI는 신재생에너지 분야에 훌륭한 솔루션을 제공하죠. 바람과 태양과 같은 신재생에너지의 문제 중 하나는 일기 패턴의 예측 불가능성이죠. 콜로라도에 있는 에너지업체인 엑셀은 이 문제를 해결하기 위해서 AI를 이용하고 있습니다. 미국 국립 대기연구소의 데이터를 분석하여 보다 정확하고 자세하게 일기패턴을 예측합니다. 이것은 AI가 신재생에너지 분야에 미치는 영향의 수많은 사례 중 하나일 뿐이에요.

크리스 바이오기술에서 일어나는 일들을 보고 있으면 흥분이 되서 가만히 있지를 못하겠어요. AI는 병의 정체를 밝히는 것뿐만 아니라 다양한 분야에서 활용되고 있어요. 제약회사는 신약 개발에 유용한 분자를 찾아내는 데 AI를 활용해요. 여러 방식으로 AI가 바이오기술을 개발하는 사람들에게 큰 도움을 주고 있어요.

에이미 전 의료용 3D 프린팅이라는 기술이 훨씬 더 흥미로워요. 3D 프린터가 환자의 세포로 신체 장기를 만들어낼 수 있다는 이야기를 들어본 적이 있죠? 몇 년 뒤에는 인간의 몸에서 확보한 장기 대신 3D 프린터로 '프린트한' 장기로 장기

이식이 가능해질 거예요. 3D 프린팅은 비행기 엔진과 자동차 부품을 프린트하고 심지어 손상된 인공위성을 고치는 데도 활용될 수 있어요. 소비자 시장에서 3D 프린팅은 부서진 부품을 프린트해낼 수 있죠. 그래서 제품을 수리하기 위해서 수리 센터로 물건을 보내거나 수리기사가 오기를 기다릴 필요가 없어지겠죠.

크리스　유럽우주국은 소행성 모형을 프린트하기 위해 3D 프린터를 이용하고 있어요. 그리고 이렇게 프린트한 소행성 모형과 AI를 이용해서 충돌을 감지하고 피하는 방법을 인공위성에 훈련시키죠.

에이미　하지만 어느 시점에 현재의 컴퓨터 기술은 데이터를 처리해내는 능력의 한계에 도달하게 될 겁니다. 이런 관점에서 양자 컴퓨팅은 정보를 처리하는 획기적인 새로운 방법이 될 겁니다. 디웨이브는 양자 컴퓨팅을 이렇게 정의해요.

　　양자 컴퓨터는 연산 속도를 높이기 위해서 현실의 근본적인 구조, 퀀텀 머신들의 낯설고 반직관적인 세계를 직접 활용한다. 기존 컴퓨터처럼 정보를 0이나 1의 값을 갖는 비트단위로 처리하고 저장하는 대신, 양자 컴퓨터는 1과 0의 상태를 동시에 갖는 큐비트 단위를 사용한다. 얽힘(entanglement)[*]과 양자 터널(quantum tunneling)[**]과 같은 양자역학적인 현상과 함께 이 중첩(superposition)[***]은 양자 컴퓨터가 동시에 많은 비트 조합으로 저장되는 정보를 인식하고 조작할 수 있도록 한다.

핵심은 연산 속도가 더 빠른 컴퓨터들이 계속 개발되고 있다는 것이죠. 심지어 더 강력한 연산력을 탑재한 채로 말이에요. 그리고 이런 컴퓨터들이 AI를 더 강력하고 유용하게 만들 거예요.

크리스 정말 신나는 것은 바로 나노기술이에요. 나노기술로 암을 포함해 수많은 질병을 치료할 수 있을 것 같거든요. 나노기술은 분자 크기의 미립자를 다루죠. 나노기술을 이용하

---

[*] 둘 이상의 상태가 양자적으로 서로 연결되어 있어, 각각의 상태를 따로 다룰 수 없는 상태를 말한다.

[**] 전자나 원자핵과 같은 미소한 입자는 역장(力場)의 장벽을 투과할 수 있다는 양자역학 특유의 효과다.

[***] 둘 이상의 파동이 서로 만났을 때 새로 생기는 파동은 각각의 파동을 산술적으로 더한 값으로 나타난다. 이를 중첩이라고 하며 이렇게 중첩된 파동은 각각의 특성을 잃지 않고 다시 분리될 수도 있다.

면 과학자는 암세포를 직접 공략하고 치료하거나 심지어 파괴할 수도 있어요.

확률과정(stochastic process)을 가능하게 하는 나노기술과 AI에 대한 연구가 진행되고 있어요. 확률과정은 통계적으로 분석할 수 있지만 정확하게 예측할 수 없는 무작위 확률 분포를 지닌 과정입니다. 이론적으로 확률과정을 이용하면 생물학적 환경 변수를 보다 잘 이해할 수 있어요.

에이미 있잖아요, 그건 절망 놀라운 개념이에요. 무작위 통계적 알고리즘은 창의적인 사고를 보조할 수 있는 예상치 못한 상관관계를 만들어내는 데 사용될 수 있을 거예요.

크리스 창의성 이야기가 나와서 하는 말인데, 창의성 덕분에 AI가 다른 기술과 결합해서 혁신적으로 사용될 수 있는 것이죠. 사람들은 AI를 전기만큼 중요한 존재라고 말해요. 그리고 AI가 전기처럼 기술 분야에서 수많은 발전의 원동력이 되고 인간의 삶과 사회를 개선할 것이라 말하죠.

에이미 AI가 이런 최첨단 기술에 활용되는 것을 보는 것은 정말 계몽적인 경험이에요. AI가 창의성, 공감 그리고 감정에 얼마나 더 적용될 수 있을까요?

크리스　지금까지 우리는 AI의 기술적인 측면에 대해서 논의했어요. 하지만 보다 중요한 것은 '컴퓨터와 사람이 함께 더 지능적인 결정을 내리고 더 좋은 서비스와 최적의 경험을 제공하기 위해 어떻게 함께 노력할 것인가?'입니다. 이에 대한 답을 얻으려면 지능 강화라는 AI의 기본 원칙들 중 하나로 돌아가야 합니다.

　이제 AI가 비즈니스 전략을 어떻게 개선하고 강화하는지 논의해보죠. AI 전략은 본질적으로 기업에게 전략적 우위를 제공하는 일련의 도구입니다.

제6장

슈퍼 프레임워크
: 슈퍼휴먼 전략

에이미 AI의 기술적 토대를 쌓았으니, 이제 전략적 모델을 논의해보죠. AI의 전략적 모델은 기업에 엄청난 경쟁 우위를 가져다 줄 거예요.

크리스 그것을 슈퍼 프레임워크라고 부르고 있죠. 슈퍼 프레임워크(super framework)는 초인적인 역량들을 제공할 겁니다. 슈퍼 프레임워크는 속도(speed), 이해(understanding), 성과(performance), 실험(experiment) 그리고 결과(result)의 5가지 요소로 구성된 모델로 AI를 혁신의 촉매로 사용합니다.

　슈퍼 프레임워크는 AI이니셔티브를 설계하고 수행할 때 반드시 고려되어야 합니다. 슈퍼 프레임워크는 전략 구축의 토대가 될 AI 로드맵의 기초가 되죠. 속도, 이해, 성과, 실험 그리고 결과는 AI이니셔티브의 성공을 위해 AI 전략에서 반드시 다뤄져야 합니다.

에이미　네, 맞습니다. AI 전략에서 제일 먼저 고려할 사항은 속도입니다. 소비자와 기업은 신속하게 결과를 도출해내지 못하는 솔루션을 용인하지 않아요. 며칠 또는 몇 시간이 걸려서 병을 분석하여 그 원인과 치료법을 알려주는 AI 기반 원격의료 프로그램이 있다고 생각해보세요. 아픈 자녀를 둔

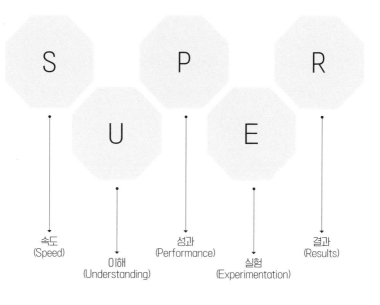

슈퍼 프레임워크

어머니는 이렇게 오랜 시간이 소요되는 프로그램에 과연 만족할까요?

크리스 물론이죠. AI는 이해력이 있어야 합니다. AI 기반 솔루션은 문제나 상황을 보다 정확하게 이해할 수 있어야 해요. 가정용 경고 시스템으로 사용되는 AI 기반 시스템을 생각해볼까요? 사람들은 이 시스템이 상황과 방문객을 학습하고 학습한 정보를 토대로 결정을 내릴 것이라 기대하죠. 가정용 경고 시스템은 어떤 사람들은 건물 출입이 허용되지 않고 어떤 사람들은 출입이 항상 허용된다는 사실을 반복적으로 학습합니다. 그리고 열쇠를 사용하든 비밀번호를 입력하든 상관없이 자신이 학습한 내용을 토대로 특정 개인에게 출입을 허용하거나 거부할 수 있어요.

에이미 AI 기반 제품이나 솔루션은 설계된 목적을 정확하게 달성해야 합니다. 즉 주어진 임무와 목표를 수행할 수 있어야 하죠. 선원이 전혀 탑승하지 않아도 움직이는 스마트 선박을 예로 들어보죠. 스마트 선박은 스스로 항해하고 악천후 시 대응법도 학습할 수 있어야 합니다. 그리고 해적처럼 승선이 허용되지 않은 존재의 승선 시도를 이해하고 충돌 가능성을 미리 감지하여 대응할 수 있어야 하죠.

크리스 그리고 실험을 해야죠. 실험은 두 갈래로 나뉩니다. AI 모델 자체의 호기심과 AI가 어떻게 호기심과 영감을 자극할 수 있느냐 입니다. 호기심과 영감은 해결책이 명확하지 않거나 선뜻 이해되지 않는 복잡한 문제를 해결하기 위해서 필요해요. 영감은 새로운 사용 분야와 응용 프로그램을 개발하는 추진력이 될 겁니다. 그리고 이 기술을 개발하는 과정에 필수적인 요소죠. MIT에 따르면, 목표를 달성하는 데 도움이 될 활동을 즉각적으로 명확하게 이해할 수 없을 때도 인공적인 호기심이 탑재된 컴퓨터 알고리즘은 까다로운 문제를 해결하는 방법을 학습할 수 있습니다.

게다가 시스템, 심지어 AI 기반 시스템은 외부와 단절된 상태에서는 작동하지 않습니다. 경쟁은 항상 존재합니다. 이것이 기술 향상의 필요성을 강화하죠. 게다가 예기치 못한 상황과 계획하지 않은 상황은 불가피하게 발생합니다. 그래서 더 진화된 시스템을 만들기 위해서 실험, 연구 그리고 개발이 필요합니다.

에이미 마지막으로 AI 전략은 기업의 수익을 높일 수 있어야 합니다. 최근 출시되거나 시장에서 성숙 단계에 접어든 제품이나 서비스에 활용되든지 간에, 기업은 AI 전략에서 수익을 높일 결과를 기대합니다.

크리스 이제 슈퍼 프레임워크를 구성하는 각각의 5가지 요소를 좀 더 자세히 살펴보죠. 각각 미묘한 차이가 있거든요. 예를 들어, 일부 AI 프로젝트에서는 슈퍼 프레임워크의 다른 요소들보다 한두 가지의 요소가 더 강조될 수도 있어요. 모든 요소들이 AI 프로젝트에 들어가야 합니다. 하지만 필요에 따라서 한두 가지의 요소에 더 집중하는 전략을 세워야 할 수도 있어요.

° 속도

에이미 속도부터 시작하죠. 여기서 속도는 작업과 추론의 속도를 높이거나 보다 신속하게 출발점에 도착하는 것을 말해요. 체크인 프로세스를 보다 효율적으로 처리해서 공항 이용객들의 경험을 개선하고 싶다면, 트래픽 흐름을 최적화하는 데 집중해야겠죠. 트랜스 스테이트 에어라인은 사람들이 공항 보안검색대를 빠르게 통과할 수 있도록 하는 새로운 시스템을 테스트했어요. 트랜스 스테이트 에어라인은 안전에 위협이 될 수 있는 징후를 잡아내기 위해 AI를 이용해 사람들의 표정과 자세를 분석합니다. 전신 스캔은 공항 이용객의 프라이버시를 보호하기 위해서 보안 검색 요원에게 공개되지 않아요. 트랜스 스테이트 에어라인 직원은 위협이 될 만한 사람에 대해서 알림만 받습니다.

˚이해

크리스 AI는 방대한 데이터에 아주 신속하게 접근할 수 있습니다. 그리고 데이터에서 정보를 찾아내고 해석해서 마케팅, 고객행동, 헬스케어, 자동차, 운전습관 등에 대한 통찰력을 제공해야 하죠. AI가 IoT 등과 결합되면서, 세계를 이해할 수 있는 가능성이 더 활짝 열렸죠. 넷플릭스는 예측적인 애널리틱스를 활용하여 고객의 취향을 이해하고 그들이 무엇을 좋아할지 예측해서 그들의 취향에 꼭 맞는 콘텐츠를 제안하죠. 추천엔진은 사용자들과 그들이 보고 싶은 콘텐츠를 연결해준답니다. 게다가 시간이 흐르면 추천엔진이 개선되죠. 추천엔진은 고객의 취향을 이해하고 그들이 보고 싶다고 말한 콘텐츠와 정말 좋아할 콘텐츠를 구분해냅니다.

° 성과

에이미 성과는 효율성을 말하죠. 성과는 프로세스의 효율을 평가합니다. 그러니 여기서는 작업, 서비스나 제품이 제대로 돌아가는지를 살펴봐야겠죠.

AI 전략과 AI 기반 응용 프로그램은 성과와 전반적인 비즈니스 전략을 얼마나 잘 지지하는지를 바탕으로 평가되고 최적화되어야 합니다. 다시 말해서 이런 전략들을 실행한 결과가 분명 있어야 하고 그 결과는 평가되고 수량화되어 다양한 이해관계자들에게 보고되어야 하죠. 그러므로 AI 프로젝트가 시작되기 전에 핵심성과지표들을 정의해서 AI 프로젝트의 비즈니스 차원에서의 성공여부를 평가할 수 있어야 합니다.

크리스 코펜하겐에 있는 한 스타트업은 축구장에서 일어나는 모든 움직임을 감지하기 위해서 딥러닝을 이용해서 카메라 시스템을 개발하고 있어요. 카메라가 자동적으로 공을 줌인해서 따라다니는 거죠. 이것은 상당한 의미가 있는 연구에요. 많은 축구팀들이 촬영진을 고용해서 모든 경기를 기록할 여유가 없어요. 그래서 기록되지 않은 경기가 대다수랍니다.

궁극적으로 이 기술 덕분에 대규모 촬영진을 고용할 필요성이 급격히 감소하게 될 겁니다. 카메라 스스로 작동할 수 있으니까요.

코펜하겐 스타트업은 딥러닝 프레임워크를 사용했고 신경망을 훈련시켜 카메라가 공과 선수들을 지속적이고 정확하게 쫓도록 했습니다. 이 AI 시스템은 축구 시합의 모든 움직임을 추적하고 기록하기 위해서 빨리 움직여야 합니다. 그리고 움직임, 특히 경기장의 공을 쫓으려면 어떻게 해야 하는지를 학습하고 이해해야 하죠. 그러니 카메라 시스템은 이해능력을 키워야 하죠. 이 시스템의 개발은 혁신과 호기심의 결과죠. 그리고 이 시스템에 접목된 기술이 성숙해지면, 움직임을 추적하는 성과가 더 향상될 겁니다.

이것은 AI제품이 비즈니스 전략을 지원하는 사례에요. 여기서 비즈니스 전략은 더 많은 경기를 기록해서 많은 사람들에게 축구를 알리는 겁니다. 이 기술을 활용하면 더 많은 사람들에게 경기를 보여줄 수 있겠죠. 이것의 달성여부를 확인하기 위해서는 비즈니스 차원에서의 AI 프로젝트의 성공을 평가하는 구체적인 핵심성과지표가 필요합니다.

에이미 성과 개선을 목적으로 인공지능을 활용한 설득력 있는 사례네요. 굉장히 긍정적인 기술입니다. 예측에 따르면 북아메리카의 스포츠업계에서 입장료 수익, 판권, 스폰서십 그리고 상품제작 등의 수익이 2019년 735억 달러에 달할 겁니다. AI 챗봇은 팬들의 질의에 응답하고 컴퓨터 비전은 정지 이미지와 영상을 잘 잡을 수 있도록 카메라의 방향을 잡아줄 수 있어요. 그리고 AI저널리즘은 언론사들의 경기 취재를 돕고 AI가 결합된 웨어러블 IoT 기기가 선수 훈련과 경기력 향상에 도움이 될 데이터를 수집하는 데 사용될 겁니다.

° 실험

크리스 AI는 실험의 새 시대도 열었어요. 상호작용의 속도가 빨라진 거죠. AI는 최소기능제품(minimum viable product, MVP)*에 대한 제작, 테스트 그리고 최적화로 이뤄진 피드백 루프를 지원합니다. 또한 AI는 과거에는 상상조차 할 수 없었던 제품과 서비스에 대한 새로운 접근법에 관한 영감을 제공해요.

---

* 완전한 제품 출시 전에 최소 실행 가능한 형태로 출시하여 고객들의 반응을 살펴보는 것을 말한다.

° 결과

에이미　마지막으로 AI는 기업, 고객 그리고 산업에게 도움이 되는 결과를 생산해야 합니다. 예를 들어, 페이팔은 딥러닝을 활용해서 사기성 거래를 감지하고 불법 상품의 판매를 정확히 찾아내고 있어요. 게다가 페이팔의 모델은 거래가 성사되지 않은 이유를 찾아내 비즈니스 운영을 최적화하죠. 이 두 솔루션은 사기를 방지하고 신뢰를 높여 고객에게 최상의 서비스를 제공할 수 있도록 페이팔을 돕습니다.

° 슈퍼휴먼의 등장

크리스　슈퍼 프레임워크는 분명 슈퍼휴먼(superhuman)을 낳을 겁니다. 슈퍼휴먼은 기계와의 결합으로 초인적인 능력을 발휘하는 인간을 의미합니다. 이 개념에는 인간과 기계가 서로 힘을 합치면 따로 일 때보다 더 강력한 존재가 된다는 전제가 깔려있어요. 우리가 새로운 소프트웨어를 만들어서 문제를 해결하거나 새로운 제품을 발명하는 것은 인간의 역할을 대체하기 위해서가 아니에요. 오히려 인간의 역할을 강화하기 위함이죠.

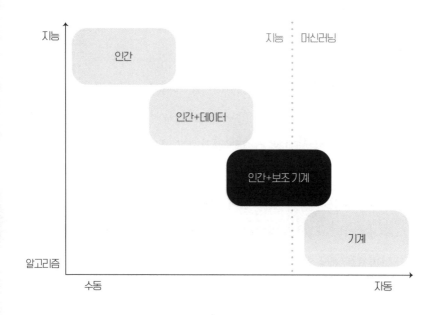

지능

지능 : 머신러닝

인간

인간+데이터

인간+보조 기계

기계

알고리즘

수동

자동

인간+AI

　2014년 AI가 체스 시합에서 선수의 경기력을 강화하기 위해서 사용됐어요. 인간의 직관, 창의력과 공감 능력과 체스 말의 움직임, 상대 선수의 노림수와 결과를 기억하고 계산하는 컴퓨터의 무작위 연산력을 활용했죠. 사람들은 인간과 AI가 결합된 이 새로운 유형의 체스 선수를 켄타우로스라 불렀죠. 이것은 인간/AI 시스템입니다. 이 관계는 인간과 AI가 결합하여 강력한 힘을 발휘하죠. 이런 관계를 형성하려면 우선 인간의 역할과 AI의 역할을 정의해야 합니다. 인간이 최고의 능력을 발휘할 수 있는 분야가 있고 AI가 최고의 능력을 발휘할 수 있는 분야가 있어요. 가령, AI는 방대한 양의 데이터를 저장하고 기억해서 이 데이터 세트를 토대로 아주 복잡한 연산을 하는 데 뛰어나죠. 반면, 인간은 무엇보다도 사회적 상호작용과 복잡한 작업에 아주 능수해요.

인간과 AI의 역할을 결정할 때 반드시 기억해 둘 것이 있어요. 바로 인간이 가장 잘 할 수 있는 것은 인간이, AI가 가장 잘 할 수 있는 것은 AI가 하도록 역할을 구분해야 한다는 겁니다. 인간과 AI의 결합은 문제 해결의 최상의 접근법으로 이어집니다. 토마스 멀론은 이 콘셉트를 가족, 기업, 국가 그리고 군대 등 개인들로 구성된 집단이 발휘하는 지성인 집단 지성이라고 불렀어요. 인간의 지능과 컴퓨터의 지능이 만나면, 완전히 새로운 가능성들이 열립니다.

에이미 좀 더 구체적으로 이야기하면, AI가 조수, 동료 또는 관리자가 되는 거죠.

°조수, 동료 혹은 관리자

크리스 어도비 센세이는 어도비가 개발한 AI머신러닝 프레임워크입니다. 이것은 최상의 디지털 경험을 제공해요. 어도비 센세이에는 콘텐츠 생성과 유통 기능이 있어서 디자이너, 일러스트레이터, 카피라이터 등 창조적인 작업을 하는 사람들의 조수로 활용될 수 있죠.

응용 프로그램을 만들고 있다고 쳐요. 크리에이티브 그래프가 응용 프로그램을 개발하는 동안 언제 중요한 결정을 내려야 하는지를 계획합니다. 그리고 어느 시점에 이전 작업 내용으로 돌아가서 이때 다른 결정을 했더라면 최종 결과물이 어떻게 달라졌을지도 보여주죠.

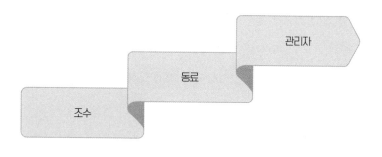

AI의 역할

https://x.ai/blog/our-future-relationship-with-robots

반자율주행 자동차는 AI가 조수로 사용된 좋은 사례입니다. 아우디 트래픽 잼 파일럿과 BMW 잼 어시스턴트는 교통량이 많을 때 핸들, 브레이크와 가속페달을 조종합니다. 이 두 시스템은 운전자를 보조하기 위해서 개발되었기 때문에 이 두 시스템이 핸들, 브레이크와 가속페달을 조종하더라도 운전자는 핸들을 잡고 있어야합니다.

IBM의 왓슨은 왓슨 버추얼 에이전트와 같은 혁신의 원동력이죠. 왓슨 버추얼 에이전트로 기업은 고객에게 자동 서비스를 제공하고 이렇게 제공된 서비스를 분석해서 고객참여에 대하여 통찰을 얻죠. 이 기술은 시간이 지나면 더 진화할 겁니다. 그래서 기업이 고객의 니즈를 이해하는 데 더 많은 도움을 줄 겁니다.

에이미 AI 보조의 또 다른 사례로 KLM 고객 서비스 지원 도구가 있어요. 이것은 AI 기반 딥러닝 응용 프로그램입니다. 고객 서비스 담당자가 소셜 미디어와 다른 채널을 통해 엄청나게 접수되는 고객 메시지를 처리하도록 돕죠. 디자인지니어스로 알려진 응용 프로그램은 과거 고객 데이터, 소셜 미디어와 다양한 소스에서 정보를 추출해요. 이렇게 추출한 정보는 젠데스크나 세일즈포스 서비스 클라우드와 같은 응용 프로그램에서 활용되죠.

페이스북은 가입자, 그들의 친구들, 그들의 그룹과 그들이 좋아했던 모든 페이지의 게시글을 수집합니다. 이렇게 하여 페이스북 가입자들에게 보다 유의미한 서비스를 제공합니다. 평균 1,500개에서 10,000개의 게시글이 수집되죠. AI 검토자와 인간 검토자로 구성된 그룹이 주축이 되는 특허 알고리즘이 이렇게 수집한 데이터를 분석하고 가입자의 뉴스피드에 어떤 정보를 어떻게 올릴지를 결정하죠.

크리스 미식축구 결과 예측에서 AI가 동료 역할을 한 사례를 찾을 수 있어요. 노스캐롤라이나 주립대학교를 다니는 윌리엄 버튼과 마이클 딕키는 NFL팀의 승패를 예측하는 시스템을 구축했어요. 2014년 댈러스 카우보이와 잭슨빌 재규어스의 경기에서 두 학생이 개발한 예측 모델의 정확도는 91.6%였어요.

에이미 아주 흥미로운 방식으로 AI를 활용한 사례네요. AI는 관리자 역할을 할 수도 있어요. 2015년 미국의 통근자들은 교통 체증에 발이 묶여 80억 시간을 길에서 보냈어요. 카네기 멜론 대학교의 로봇공학 교수인 스테판 스미스는 피츠 버스에 신호등을 설치했어요. AI가 탑재된 신호등은 교통 패턴에 따라 신호를 바꾸죠. 덕분에 이동 시간이 25% 줄었죠.

항공사들은 2016년 1,682억 달러의 수익을 올렸어요. 그리고 항공 교통량은 20년 뒤 두 배로 증가할 것으로 추정돼요. 이것 때문에, 항공사들은 AI를 이용해서 증가하는 수요를 소화하고 서비스를 개선할 방안을 찾고 있어요. 스마트폰에 설치된 AI어시스턴트 프로그램이 고객들의 항공사 이용을 돕고 항공 로지스틱스를 개선해요. 그리고 얼굴 인식 시스템은 고객 확인 프로세스의 속도를 높이죠.

크리스 이 공생관계의 또 하나의 혜택은 인간과 AI가 함께 그리고 서로에게서 무언가를 배울 수 있다는 겁니다. 그러면서 함께 성장하죠.

의사에게 AI 보조는 엑스레이, MRI, 진단서, 전자 건강 기록 그리고 심지어 환자의 운동 습관과 식습관 등 수천 개에 이르는 암 환자들의 기록을 스캔해 줍니다. 이 데이터를 분석해서 AI 건강 시스템은 의사에게 치료방법에 대하여 조언을 할 수 있어요. 의사는 AI 시스템의 조언을 바탕으로 환자에게 더 좋은 의료서비스를 제공할 수 있죠. 희귀질병의 경우, 의사가 그 희귀질병에 걸린 환자를 진료한 경험이 없다면 증상을 놓치기 쉬워요. AI 보조는 희귀질병과 환자의 상관관계를 파악하고 추가 테스트나 진단이 필요하다고 의사에게 알려주죠.

에이미 그 이야기를 들으니 한 번도 발견된 적 없는 악성 소프트웨어를 감지하기 위해서 머신러닝을 활용한 멀웨어바이트가 생각나네요. 알려진 특징들로는 새로운 바이러스와 악성 응용 프로그램을 잡아내지 못합니다. 왜냐하면 이들의 패턴에 관한 기록이 없기 때문이죠. 그러므로 행동을 분석하고 감염이 되었음을 보여주는 비정상적인 행동을 잡아내기 위해 AI를 활용해야만 합니다. 그 다음에 인간이 AI가 잡아낸 잠재적 이슈를 분석해서 실제 악성 소프트웨어인지를 판단하는 것이죠.

크리스 인간과 AI가 서로에게서 배우고 함께 성장하는 훌륭한 사례들이네요.

° 비즈니스 전략을 지원하는 AI

에이미 궁극적으로 AI 전략을 수립하는 목적은 비즈니스 전략의 이행을 돕고 지원하는 데 있어요. 하버드 대학 교수이자 경쟁 전략 전문가인 마이클 포터는 저서《경쟁우위(Competitive advantage: Creating and sustaining superior performance)》에서 비용 전략, 집중 전략 그리고 차별화 전략이라는 3개의 보편적인 비즈니스 전략을 다뤘어요.

크리스 비용 전략은 종합적인 전략으로 소비자 가격을 낮춰 경쟁우위를 확보하는 전략이죠. 기본적으로 두 가지 방법으로 이 목표를 달성할 수 있어요.

1. 소비자 가격 낮추기
2. 생산 비용 낮추기

비용 전략을 가장 잘 활용한 사례는 바로 월마트와 이케아입니다. 월마트는 '아껴서 더 잘 살자'란 슬로건을 이용해 캠페인을 벌였어요. 고객에게 월마트에서 저가로 상품을 구매할 수 있다는 이미지를 강하게 심으려는 의도였죠. 이 전략은 대대적으로 성공했고 월마트는 세계 최대 유통업체가 되었어요. 실제로 월마트가 나라는 아니지만, 월마트의 국내총생산은 세계에서 28위에요. 참고로 27위가 노르웨이이고

29위가 오스트리아입니다. 월마트의 사례는 저가로 가치를 제공하는 것이 얼마나 강력한 전략이 되는지를 여실히 보여 줘요. 월마트는 이 저가 전략으로 전 세계 11,000개의 매장을 보유하고 있습니다.

에이미 맞아요. 월마트가 한 해 판매하는 바나나의 무게가 10억 파운드를 넘는다는 사실을 알고 있었어요?

크리스 그건 몰랐네요. 그런데 월마트가 그렇게 놀라운 사례는 아니에요. 이케아는 판매의 경제를 통합하고 벤더와의 협상에서 우위를 선점하고 비즈니스 프로세스에 기술을 통합시키고 있습니다. 이런 방식을 통해 고객에게 저렴한 가격에 다양한 제품을 판매하고 있어요(판매 아이템은 9,500개에 이르죠). 그리고 매년 제품군을 업데이트하고 전 세계적으로 공격적인 확장 정책을 펴고 있답니다.

에이미 월마트는 AI, 머신러닝, IoT, 그리고 빅데이터를 활용해서 물류와 공급망 관리부터 생산과 고객서비스에 이르는 비즈니스 전반을 개선하고 있어요. 이케야 역시 AI를 활용해서 증강현실 애플리케이션을 개발하고 고객 서비스를 개선을 방안을 찾고 있죠.

크리스 아주 놀라워요. 두 번째로 살펴볼 비즈니스 전략은 바로 차별화 전략입니다. 차별화 전략도 기업에게 경쟁우위가 되죠. 테슬라와 할리데이비슨이 차별화 전략을 통해 성공한 대표적인 사례입니다.

엘론 머스크는 시장성 있는 전기차를 대량으로 생산해서 자동차 산업을 와해시켰어요. 그는 필요성과 기회를 포착했어요. 그래서 자동차뿐만 아니라 전체적으로 새로운 에너지 시스템을 설계하고 새로운 생산 공장을 짓고 유통망을 만들었습니다. 테슬라는 티어1인 완성차업체(테슬라가 되겠죠)부터 원재료 공급업체인 티어4에 이르는 자동차 산업을 구성하는 4단계에 연루된 모든 사업자들을 위한 기반시설을 구축해야만 했습니다.

대공황을 견뎌낸 오토바이 제조업체 2곳이 있어요. 그 중의 하나가 할리데이비슨이죠. 할리데이비슨의 브랜드는 이동의 자유에 기반을 두죠. 이 오토바이 제조업체의 슬로건은 '자유를 위한 모두, 모두를 위한 자유'입니다. 할리데이비슨은 자유와 독립의 라이프스타일을 중심으로 상품을 생산하고 문화를 형성했어요. 이것이 할리데이비슨과 다른 오토바이 제조업체를 차별화했죠.

`에이미` 잘 정의된 틈새시장에 집중하는 기업들은 해당 시장에서 경쟁우위를 가질 수 있어요. 트레이더조와 스타벅스를 보세요. 이 두 기업은 각각 고객군을 확실히 정의하고 그들의 니즈를 충족시키는 경험을 제공하고 있어요.

트레이더조는 제조업체가 아닌 자사 상표를 붙인 PL상품을 판매하죠. 이것은 트레이터조 이외의 다른 매장에서는 자사의 제품을 구입할 수 없다는 강력한 메시지를 고객에게 전달하죠. 그리고 트레이더조는 창의적으로 제품을 디자인하고 심지어 창의적으로 매장 인테리어를 디자인하는 데 집중해요. 실제로 많은 트레이더조는 예술가를 정식으로 고용해서 매장이 위치한 지역을 상징하는 사이니지*, 예술품과 벽화를 제작해서 각 지역 매장에 설치합니다.

스타벅스하면 원하는 대로 만들어진 고급 커피가 떠오르죠. 이것이 스타벅스 브랜드의 핵심입니다. 그리고 스타벅스는 어떻게 하면 제품군이 다양하지 않더라도 대중시장에서 다양한 사람들에게 사랑받을 수 있는지를 보여주죠. 스타벅스는 여기에 만족하지 않고 한 단계 더 나아갔어요. 개별 고

---

* TV·PC·모바일에 이은 제4의 스크린으로 불리며 공공장소나 상업공간에 설치되는 디스플레이를 말한다. 정보통신기술(ICT)과 결합해 다양한 콘텐츠를 제공하면서 기존 옥외 광고물을 빠르게 대체하고 있는 제품이다.

객의 니즈에 주목하고 맞춰서 '개인적인 커피'를 제공하고 있죠. 이론적으로 스타벅스에서는 카페인 커피와 카페인을 제거한 커피를 반반 섞어서 주문할 수 있어요. 여기에 한 티스푼의 탈지 우유와 소량의 초콜릿을 넣고 위에 거품이 없을 수도 있죠.

이 사례들은 기업의 전략적 접근법에 맞춰 AI를 활용하고 AI 전략은 전체 비즈니스 전략을 지원하도록 설정되어야 한다는 것을 보여주죠.

비즈니스 전략을 세 가지 유형으로 분류해봤어요. 그리고 AI가 각각의 유형을 어떻게 강화시킬 수 있는지도 살펴봤죠. 예를 들어, AI는 예측적인 애널리틱스를 통해 고객의 행동을 확인하고 예측해서 집중 전략을 강화시키고 활용이나 확대 가능한 시장의 틈새를 찾아낸 차별화 전략을 강화시키죠. 그리고 AI는 물류와 생산의 효율성을 높여 비용 전략을 강화시킬 수도 있어요.

크리스 포괄적인 비즈니스 전략 3가지를 살펴봤으니, 기업이 슈퍼 프레임워크로 AI의 잠재력을 어떻게 활용할 수 있는지 구체적으로 논의해보죠.

제7장

속도
....

: 업무 프로세스 촉진
....

크리스 아주 작은 것에서 큰 결과가 나오기도 하죠. 1896년
톰 버크는 아테네에서 열린 초대 근대 올림픽에 출전했어요.
그는 육상선수로는 최초로 한쪽 무릎을 땅에 대는 자세인 크
라우칭 스타트를 처음 선보였죠. 이 자세가 그에게 약간의
경쟁우위로 작용했고 그는 12초 뒤에 결승선을 가장 빨리 통
과하면서 금메달을 목에 걸었어요. 이것은 아주 작은 변화가
최종 결과에서 아주 큰 차이를 만들어낼 수 있다는 것을 보
여주죠. 이와 유사하게 혼돈 이론에 따르면, 멕시코에서 나
비가 날갯짓을 하면, 허리케인이 중국에 발생할 수 있어요.

° 성장을 제한하는 요소들
....

에이미 기업의 성장을 제한하는 요소들 중 하나가 다른 기

업, 정부 그리고 소비자에게 판매할 제품을 얼마나 빨리 생산할 수 있느냐죠. 기업이 연간 10,000개의 제품만을 생산한다면, 그 해 판매할 수 있는 제품은 10,000개밖에 없어요. 반면에 100만개의 제품을 생산할 수 있다면, 100만개의 제품을 팔 수 있죠.

크리스 정확해요. 1913년 헨리 포드는 조립라인을 구축하여 자동차 산업을 혁신적으로 바꿨죠. 조립라인은 자동차 한 대를 만드는 데 소요되는 시간을 기존의 12시간에서 2시간 30분으로 단축시켰어요. 1924년 6월 한 공장에서 1,000만대의 모델 T가 생산됐어요.

에이미 일본 자동차회사들은 미국에 세계 최고 수준의 생산공장을 세웠고 적시생산방식(just in time, JIT)[*]과 린생산방식(lean manufacturing)[**]을 도입했어요. 일본의 자동차회사들은 생산과정을 개선하고 공급망의 효율성을 높여 수십 년 동안 자동차 산업을 지배했죠.

---

[*] 재고를 쌓아 두지 않고서도 필요한 때 적기에 제품을 공급하는 생산방식이다. 즉, 팔릴 물건을 팔릴 때에 팔릴 만큼만 생산하여 파는 방식이다. 다품종 소량생산체제구축 요구에 부응, 적은 비용아래 품질을 유지하여 적시에 제품을 인도하기 위한 생산방식이다.

크리스 아이러니하게 조직의 속도 추구가 혁신 상품의 개발을 마비시키거나 개발 속도를 늦출 수도 있어요. 속도는 높여야 한다는 강박이 조직, 직원, 소비자 그리고 개인에게 큰 부담이 될 수 있기 때문이죠.

하지만 때때로 비상사태나 긴박한 상황이 되어 성장의 속도가 폭발적으로 증가할 수도 있어요. 예를 들면 2차 세계대전이 한창이던 시기 미국의 항공기 생산이죠. 1939년 연간 항공기 생산량은 연간 6,000대를 밑돌았죠. 항공기 산업의 크기는 다른 산업들과 비교하면 41번째였어요. 전쟁 막바지에 항공기 산업은 미국 최대 산업으로 급부상했죠. 30만대의 군용 비행기가 생산됐고 미국 전역에 81개의 생산시설이 가동됐죠.

하지만 정상적인 조건에서 기업과 개인은 이렇게 빨리 방향을 전환하거나 극단적으로 빠른 속도를 유지할 수 없어요. 여기서 '가이젠 철학***'이 작동합니다. 빠르고 급작스러우며

** 작업 공정 혁신을 통해 비용은 줄이고 생산성은 높이는 것을 말한다. 즉 숙련된 기술자들의 편성과 자동화 기계의 사용으로 적정량의 제품을 생산하는 방식이다. 이는 일본의 '도요타자동차'가 창안한 생산방식으로서 기존의 수공업적 생산방식에서 나타나는 원가상승 및 대량 생산 문제의 대안이다.

*** 개선(改善)이라는 한자의 일본식 표현이다. 개선의 사전적 의미는 나쁜 상황을 고쳐 나아지는 것을 말한다. 한번 행해지면 끝나는 것이 아니라 차례로 이어지는 지속성, 연속성을 중시한다.

갈피를 못 잡는 행보대신, 점진적으로 변화를 추구하는 편이 좋습니다. 한 번에 조금씩 변화를 주는 것이죠. 이것은 사람들에게 변화를 조정해서 정상적인 루틴으로 받아들일 수 있는 기회를 줍니다.

애자일과 스크럼은 많은 조직들이 자발적으로 구성되고 여러 가지 기능을 동시에 수행하는 팀들의 협업을 촉진하는 솔루션을 개발하기 위해서 받아들인 개발 방법론입니다. 목적은 최소한의 시간을 들여서 기업의 목표와 소비자의 니즈

24시간

30일

제품
백로그

스프린트
백로그

제품
증가

스프린트

스크럼 프로세스 차트

에 맞춰진 고품질의 솔루션을 개발하는 겁니다. 애자일은 개발사와 기업이 긴밀하게 협업하는 일련의 방법과 실천을 강조하죠. 여기서 중점은 비즈니스 가치를 전달하는 데 있고 자발적으로 조직된 팀들이 이용됩니다. 스크럼은 프레임워크를 제공합니다. 이 프레임워크 덕분에 사람들은 협업적인 팀들을 통해서 복잡한 문제를 해결합니다.

°비즈니스 프로세스의 가속화

에이미 무어의 법칙에 따르면 2년을 주기로 컴퓨터의 속도와 연산력이 두 배 증가할 거예요. 이러한 기술 발달 덕분에 조직 내에서 더욱 신속한 업무처리가 가능해졌죠. 여기에 AI가 큰 도움이 될 수 있습니다. AI가 업무의 가속화를 더욱 촉진할 수 있죠.

크리스 어도비 센세이가 좋은 예입니다. 어도비 센세이는 클라우드 플랫폼으로 어도비 제품에 탑재된 인텔리전스 기능을 활성화시켜서 디지털 경험의 설계와 전달을 극적으로 개선합니다. 이때 범용 프레임워크에 있는 인공지능과 머신러닝을 이용하죠.

어도비 센세이는 주로 콘텐츠 속도를 처리하는 데 집중해요. 보다 짧은 시간에 결과를 도출하는 거죠. 개인의 니즈에 맞춘 경험의 필요성과 이런 경험을 하게 되리라는 기대가 콘텐츠 속도의 동력이 됩니다. 그래서 마케터, 브랜드와 마케팅 에이전시는 보다 빨리 더 많은 콘텐츠를 생산해야 한다는 필요성을 절실히 느끼고 있죠. 어도비 센세이는 콘텐츠 생성, 배포, 평가 그리고 최적화를 빠르게 처리할 수 있도록 돕습니다.

예를 들어볼까요? 포토 검색은 이미지 모음에서 이미지 검색속도를 높입니다. 어도비 센세이는 이미지에 자동적으로 태그를 설정할 수 있습니다. 이 기능이 검색의 속도를 높이고 보다 구체적인 이미지의 검색을 가능하게 하죠. AI 기반 이미지 인식 기술을 이용하면 콘텐츠 생성이 가속화되죠. 정확한 이미지에 태그를 붙이고 검색하는 지루한 작업이 자동으로 처리되기 때문이에요.

AI는 문서작업의 자동화에도 아주 유용해요. 컴퓨터가 직접 읽을 수 있는 2진 순자로 이루어진 기계어와 인공지능은 고객 문의 전화와 관련된 문서작업을 완수할 수 있습니다. 이렇게 하면 고객 서비스 담당자들은 서류 작성보다 실질적인 고객 서비스에 더 집중할 수 있죠. 이것은 고객 경험을 개선해서 고객 충성도를 높입니다. 그리고 좋은 평가를 받고 조직 운영을 간소화합니다. 게다가 AI는 고객 문의 전화를 직접 분석하고 수정 가능한 문제 그리고 제품이나 서비스를 나타내는 패턴을 발견할 수 있죠.

여기서 한 걸음 더 나아가, AI 챗봇은 일반적인 고객 서비스 문제를 완전히 자동적으로 처리할 수 있어요. 이렇게 하면 일주일에 7일, 하루에 24시간 동안 고객 서비스의 제공이 가능해지죠. 그리고 고객 문의에 빠르게 응답하고 고객 서비스와 관련해서 일반적인 문제에 대해서 직원을 교육시킬 필요도 없죠. 게다가 고객 참여도 높일 수 있어요. 여기서 끝이 아니에요. 챗봇은 오류 발생률이 낮고 적극적으로 고객과 상호작용해요.

°제조업

에이미 제조도 복잡한 프로세스죠. 그리고 다수의 변수들이 일어나 프로세스 운영에서 문제가 생기고 효율성이 떨어지고 생산 오류가 발생하기 쉽습니다. 이런 문제들이 제조 프로세스의 확장 가능성과 제품의 양과 종류를 제한하죠.

닌텍스 워크플로우 클라우드는 구체적으로 제조용 응용

프로그램을 개발하고 있습니다. 개별 작업을 수행하는 로봇이나 AI 솔루션을 개발하는 데 집중하기보다, 이 IT 기업은 제조 프로세스의 전체 워크플로우(작업흐름)를 점검해요. 행동 유형, 이슈 그리고 병목지역을 찾아요. 그러면 AI는 자동 에스컬레이션 추가부터 정비 프로세스 자동화, 신규 직원 채용 프로세스에 이르기까지 폭넓은 분야에서 변화와 개선을 제안합니다. 이를 통해 제조 프로세스는 최적화되고 속도는 빨라지죠.

2016년 로봇기업인 화낙은 기술기업인 엔비디아와 파트너를 맺고 AI칩을 이용해 미래형 공장을 세웠죠. 엄밀히 말해서 그들은 딥러닝을 이용했어요. 산업용 로봇이 스스로 학습할 수 있도록 한 것이죠. 이것은 학습 시간을 줄이고 프로세스 전환 속도를 높이고 조립라인의 생산성을 높였어요. 그 결과 수요, 사업 환경 등의 변화에 보다 신속하게 대응하는 더 빠르게 운영되는 공장이 탄생했고 학습 속도도 더 빨라졌죠.

지멘스는 AI, 구체적으로 신경망을 이용해서 풍력 터빈을 최적화했죠. 그 결과 지멘스의 풍력 터빈은 바람의 패턴을 학습하고 자동으로 풍향에 따라 터빈 회전자를 조정할 수 있어요. 이것은 풍력 발전소에서 생산되는 전력량을 증가시켜요. 풍력 발전소가 보다 효율적으로 가동되기 때문이죠. 지멘스는 AI를 이용하여 환경 변화에 빠르게 적응하고 그 결과 생산성이 개선된 사례라고 할 수 있어요.

'소등' 제조공정*과 AI은 다른 개념입니다. 인공지능이 활용된 기계는 생산성을 높이는 법을 학습하고 실제로 자가 학습을 하죠. 반면 '소등' 제조공정의 기계에 반드시 AI를 적용할 필요는 없어요. AI가 적용되지 않아도 '소등' 제조공정의 기계는 인간과의 상호작용 없이 스스로 움직입니다. 공장에서는 실시간으로 아주 많은 일들이 일어나요. 그래서 과거의 기록은 의미가 없죠.

° 의료업

크리스 몸이 좀 안 좋아서 병원을 찾았다가 심각한 병에 걸렸다는 사실을 알게 되는 경우가 많죠. 그리고 이쯤 되면 병이 많이 진행되어서 어떻게 손을 쓸 수가 없는 경우가 다반사에요. 심부전과 같은 질환은 예측이 어렵죠. IBM의 컴퓨팅 보건증진 연구소의 프로그래머인 지안잉 후는 전자 건강 기

---

* 자동화 로봇에 의해 운영되는 공장으로 사람의 개입이 필요 없기 때문에 불을 끈 암전 상태에서 기계설비가 작동된다.

록에 숨겨진 신호를 파악해서 건강 문제를 사전에 예측할 수는 없는 것인지 의구심이 들었죠. 3년간 200만 달러가 투입된 연구 프로젝트에서 IBM은 AI 연산 모델을 활용해서 1만 명 이상의 사람들의 건강 기록을 추출했습니다.

IBM의 왓슨 포 지노믹스와 왓슨 포 온콜로지가 시중에 출시된 AI 기반 의료용 소프트웨어입니다. IBM은 AI를 이용해 유방암과 심장질환의 사례를 찾는 메디컬 시브 프로젝트에 착수했어요. 2010년 런던에 설립된 딥마인드는 사회를 돕는 AI 기술을 개발합니다. 딥마인드 헬스는 이 이니셔티브의 일환으로 그 목표는 국립 보건 서비스와 기타 헬스케어 시스템을 지원해서 환자, 간호사 그리고 의사를 돕는 거예요. 이 모든 이니셔티브는 병원방문부터 진단에 이르기까지 병원에서 행해지는 모든 프로세스의 진행 속도를 높이는 것이 목적이에요.

에이미 AI가 의료진단과 환자치료의 속도를 개선하는 데 사용된 좋은 사례들이네요. 하지만 앞으로 할 일이 많아요. 헬스케어에서 AI가 활용되기 시작한지는 얼마 되지 않았기 때문이죠. AI는 헬스케어 분야에서 전망이 아주 밝은 기술이라 생각해요.

크리스 속도가 중요한 분야가 또 하나 있죠. 소매업체는 고객들이 빨리 계산대를 통과하도록 만들어야 해요. 줄을 서서 기다리는 것이 일상적인 일처럼 느껴지겠지만, 극장, 식료품점이나 테마파크에서 긴 줄을 서서 기다리는 것만큼 지루하고 짜증나는 일은 없답니다. 이 문제를 해결하면 고객 만족도가 개선됩니다. 그리고 고객에게는 재방문할 이유가 생기고 부정적인 소셜 미디어 리뷰를 예방할 수 있어요.

유독 대기줄이 길게 형성되는 매장이 있어요. 이런 매장은 거래를 신속하게 처리하는 판매관리시스템을 확보해야 합니다. 이 말단 시스템은 믿을만하고 잘 작동되어야 합니다. 그리고 고객이 계산대를 빨리 통과할 수 있도록 돕는 데 초점을 둔 직원 교육이 필요해요. 라인 버스터는 매장 어디서든지 고객의 계산을 처리할 수 있는 모바일 단말기죠. 라인 버스트로 계산대에서의 작업 속도도 훨씬 더 높일 수 있어요.

AI 기반 전신스캐너와 같은 새로운 기술들 덕분에 공항의 보안검색대 앞에서의 대기시간이 줄어들 거예요. 이런 기술들은 자동적으로 개인의 소지품에서 의심스러운 물품을 찾아낼 수 있죠. 이런 기술은 공항의 보안검색대 통과속도를 높이는 데 사용될 수 있습니다.

뉴질랜드의 이매저와 실리콘밸리의 매시진은 쇼핑객들의 쇼핑을 돕는 시스템을 개발하고 있어요. 사람들이 쇼핑카트에 담는 물건들의 값을 계산하는 시스템입니다. 이 기술이 모바일 결제 시스템과 결합되면, 물건 값을 계산하기 위해서 계산대에서 줄을 서서 기다릴 필요가 없어질 거예요.

에이미 AI가 전체 쇼핑경험을 개선하고 쇼핑의 속도를 높인다면 어떤 일이 가능해질까요? 사람들은 자신들의 니즈에 꼭 맞춘 쇼핑 경험을 원합니다. 개인의 선택이 반영된 쇼핑 경험 말이에요. 그리고 쇼핑을 신속하게 끝내고 싶어 하죠. 예를 들어, 사람들은 옷가게에 들어서자마자 자신의 취향에 맞는 다양한 옷과 액세서리를 살 수 있기를 바라죠.

개인의 니즈에 꼭 맞춘 쇼핑 경험을 제공하기 위해서 퍼스널 쇼핑 어시스턴트 프로그램이 개발되고 있습니다. 미국 유통업계 조사기관인 비알피는 2017년 조사를 통해 소매업자의 45%가 고객 경험을 개선하기 위해서 AI를 활용할 의향을 가지고 있다는 사실을 발견했죠.

AI를 소매업에 활용할 경우, 사람들이 누릴 수 있는 혜택은 AI가 고객이 필요로 하고 원하는 상품을 정확하게 제시한다는 것입니다. 고객이 이 사실을 인식했든 인식하지 못했든 간에 말입니다. AI는 구매로 이어질 가능성이 큰 제품을 고객에게 제시합니다. 그래서 매출이 증가할 수 있죠. 이것은 AI를 활용했을 때 소매업자들이 누릴 수 있는 혜택들 중 하나죠.

크리스 분명 AI는 제조업부터 콘텐츠 개발업에 이르기까지 다양한 유형의 기업이 소비자의 욕구와 니즈를 신속하게 처리할 수 있도록 비즈니스 프로세스의 처리 속도를 높일 수 있어요.

에이미 네, 그렇습니다. 업무 프로세스의 속도를 향상하기 위해서 AI를 활용한다면, 기업은 보다 쉽게 단기목표와 장기목표의 균형을 유지할 수 있죠.

제8장

이해
: 데이터 통찰

크리스 이제까지 어떻게 AI가 속도를 개선하는지 살펴봤어요. 속도뿐만 아니라, AI가 고객, 직원 그리고 시장에 대한 이해도를 개선할 수 있어요. AI가 어떻게 고객, 직원 그리고 시장에 대한 이해도를 개선하는지 살펴보죠.

에이미 언뜻 생각했을 때, 이번 논의 주제는 식은 죽 먹기만큼 쉬운 것 같네요. 하지만 그 이해에 이르기까지의 과정을 생각해보면, 쉬운 주제가 아니란 사실을 깨닫게 될 겁니다. 앞서 논의했던 머신러닝은 기계가 구체적인 프로그래밍 없이 새로운 것을 학습하는 능력을 말해요. 그러니까 인간의 개입 없이 컴퓨터가 스스로 학습하고 개선하고 결론을 내리고 예측하는 것이죠. 주변 환경에서 얻은 데이터를 이용해서 기계는 결정과 운영방식을 바꿀 수 있어요.

AI 시스템은 머신러닝을 통해 사물과 발화를 인식하고 언어를 번역하죠. 그리고 게임을 하고 이미지와 영상을 토대로 추론을 할 수 있습니다. 이런 일들이 가능하려면 당면 임무에 맞게 개발된 AI 시스템이 필요합니다. 안타깝게도 많은 과제를 한 번에 해결할 수 있는 범용 AI는 존재하지 않아요. 이게 다 지능이라는 것이 복잡한 존재이기 때문입니다. IT 솔루션 개발사인 엑시옴젠은 '미가공 데이터를 AI에 입력하고 의미 있는 무언가가 나올 것이라 기대해서는 안 된다. 그런 일을 해낼 수 있는 AI는 존재하지 않는다.'라고 말했어요.

크리스 흥미롭군요. 그렇다면 이해라는 것이 얼마나 복잡한 프로세스인지 살펴보도록 하죠. 먼저 한 방안에 있는 두 사람의 대화를 살펴보죠.

° 인간 대 인간의 상호작용

에이미 인간 대 인간의 상호작용은 저에게 매혹적인 주제랍니다. 좀 더 이야기해보세요.

크리스 사람들은 누군가와 의사소통할 때, 그 상황과 관련된 모든 역학 관계와 관점을 고려하죠. 시각, 조성, 문장구조, 음조의 변화, 바디랭귀지, 시선, 문맥, 상대방과의 친밀도, 발음, 상대방의 감정 상태, 의도, 교육 수준, 대인관계 그리고 기타 수많은 변수들을 고려하면서 대화를 이어갑니다. 이렇듯 의사소통과 이해의 과정이 꼭 단순지만은 않아요.

에이미　그래서 자주 이메일이나 문자메시지를 오해하는 일이 일어나는군요. 냉소와 유머는 바디랭귀지와 어조에 따라 결정되죠. 이메일은 바디랭귀지와 어조를 전달할 수 없어요. 이것이 의사소통의 의도에 대한 오해로 이어질 수 있죠.

크리스　여기서 상호작용을 하는 주체들의 문화와 성장환경의 차이가 개입되면, 상황은 더욱 복잡해지죠. 심지어 두 사람의 관계가 단절될 수도 있어요.

°이해의 확장

에이미　AI는 '연결'을 통해 이해의 폭을 확장시키죠. 이때 거리나 시간은 문제가 되지 않습니다. 이제 AI를 통해 깊고 지속적으로 연결망을 형성할 수 있어요.

크리스 이해가 깊어지면 연결망은 더 깊어질 수 있어요.

에이미 이것은 기업에게 중요한 부분이에요. 이를 통해 기업은 자사의 제품과 서비스에 관심 있는 사람들을 찾아내고 관심 없는 사람들을 피할 수 있죠.

크리스 소비자가 메시지를 이해할 수 있고 상품이나 서비스를 원하고 로케일(locale)*이 적합한 때에만 기업은 광고를 게재할 수 있었어요. 훌륭한 경험은 강화되고 외부 요인에 맞춰 수정되고 개인화 되죠.

주니퍼 리서치에 따르면, 2021년에 되면 실시간 입찰 네트워크를 위한 광고 지출이 420억 달러에 이를 겁니다. 2016년 9월, 마케팅업체인 박스에버의 연구에 따르면 미국의 수석 마케터들의 80%가 소비자들이 AI를 받아들일 준비가 되어 있다고 생각했어요. 그리고 이들 중 대부분이 챗봇에 큰 관심을 가지고 있었죠.

머신러닝은 정확한 광고 대상을 선정할 가능성을 높일 수

---

* 사용자의 언어, 국가뿐 아니라 사용자 인터페이스에서 사용자가 선호하는 사항을 지정한 매개 변수의 모임이다. 보통 로케일 증명자는 적어도 하나의 언어 증명자와 하나의 지역 증명자를 가지고 있다.

있어요. 머신러닝은 광고가 필요한 고객을 정확히 찾아내 그들에게 유의미한 광고로 제공할 수 있어요. 이 알고리즘은 이전에 본 제품에 대한 광고를 보여주지 않습니다. 간접적으로 추천 상품, 광고의 타이밍 그리고 광고 게재 장소를 알려주죠.

여기서 소비자의 니즈와 욕구를 이해하면 더 유의미한 광고의 제작과 제공이 가능하고 결과적으로 기업의 수익이 증가하게 된다는 것을 알 수 있어요.

에이미　정확해요. 하지만 그 이면도 한 번 살펴보죠. 아주 훌륭한 알고리즘이만 알고리즘의 모순도 유념해야 합니다. 제품과 서비스에 친밀감을 보인 사람들에게 해당 제품과 서비스를 소개하는 순간 모순이 발생해요. 기업은 새롭거나 예상하지 않은 제품이나 서비스를 소개할 기회를 놓치게 되죠.

이해를 어느 수준까지 분석해서 살펴봤어요. 사실 꽤 이해하기 어려운 주제였어요. 실제 사례를 통해 AI가 이해를 어떻게 개선하는지를 다른 측면에서 자세히 보도록 하죠.

° AI와 이해

크리스　앞서 논의했듯이, 인간과 인간의 의사소통을 이해한

다는 것은 바디랭귀지를 알고 얼굴을 인식하고 걸음걸이를
분석하고 시선을 추적할 수 있다는 의미죠.

에이미 제가 좋아하는 기업이 하나 있어요. 바로 모디페이
스라는 기업이에요. 모디페이스는 증강현실과 AI를 이용해
서 뷰티제품을 마케팅해요. 고객의 니즈에 맞춘 독특한 경험
을 제공한답니다.

크리스 네, 모디페이스의 기술은 여러 OS시스템에 내장되
어 있죠. 그리고 애플리케이션으로 다운로드도 가능하답니
다. 증강현실을 이용해서 사람들은 스마트폰이나 태블릿에
저장된 자기 얼굴 이미지에 가상으로 화장품을 발라보고 어
울리는지 확인할 수 있어요.
　모디페이스의 기술은 스탠퍼드 대학교에서 실시한 연구의
결과에 기반을 두고 있죠. 그리고 이 회사의 기술은 세계에
서 가장 정확한 얼굴 영상 추적 시스템 중 하나랍니다. 여기
에서 AI가 개입되죠. 모디페이스의 3D 안면 인식 기술은 아
주 정확하게 얼굴의 특징을 잡아냅니다. 그리고 얼굴의 움직
임과 표정을 정확하게 읽어내죠. 이 기술은 홍채 크기와 위
치, 입술, 눈, 머리 자세 그리고 기타 얼굴의 특징들이 포함된

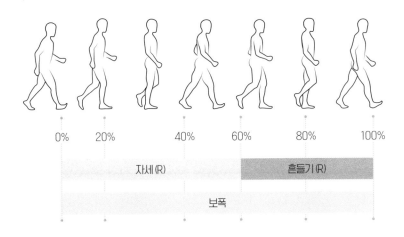

자세(R)　　　　　　　흔들기(R)

보폭

걸음걸이 분석

www.apdm.com/wp-content/uploads/2015/05/Whitepaper.pdf

68개의 매개변수를 이해합니다. 모디페이스의 기술은 사람의 얼굴과 몸을 분석할 수 있는 스마트 거울에 내장되어 있어요.

에이미　이것은 아주 가까운 미래에 AI가 스마트 홈과 스마트 매장에서 어떻게 활용될 것인지를 보여주는 단편적인 사례에 불과해요. 미래에는 스마트 거울이 화장실과 탈의실에 설치될 겁니다. 그래서 사람들은 스마트 거울을 통해 가상으로 다양한 옷을 입어보고 여러 화장품도 발라볼 수 있을 거예요. 그리고 선택 장치를 이용해서 다른 색깔, 음영 그리고 스타일도 시도해볼 수 있겠죠. 그렇게 하다가 마음에 드는 화장품을 발견하면, 실제로 그 화장품을 얼굴에 발라보는 겁니다. 마음에 드는 브랜드나 스타일이 없으면, 스마트 거울에게 말해서 생각하고 있던 브랜드나 스타일을 주문할 수 있을 겁니다. 게다가 이렇게 주문한 제품을 몇 시간 안에 받아볼 수 있을 겁니다.

크리스 현재로는 화장품과 의류의 마케팅에 이 기술이 사용되고 있습니다. 미래에는 이런 애플리케이션이 의사소통을 촉진하기 위해 바디랭귀지를 분석하는데도 사용될 겁니다. 그리고 저는 이런 기술이 인터뷰와 프레젠테이션을 앞두고 자세나 표정 등을 확인하고 개선하는데도 활용될 수 있을 것이라 생각합니다. 분명 이런 종류의 기술은 여러 분야에서 상업적으로 활용될 수 있을 거예요. 그리고 전 이런 기술이 자기 개발에 활용될 수 있는 방법도 많다고 생각해요.

에이미 네, 맞아요. 그리고 정말 흥미로운 이야기네요. 면접을 앞둔 사람이 스마트 거울 앞에서 연습하는 모습이 떠오르네요. 이렇게 해서 자신의 약점을 파악하고 보완해서 면접 성공 확률을 높이는 거죠. 스마트 거울이 면접자에게 긴장한 것처럼 보인다고 말하고 자세 등을 수정할 수 있는 방법을 조언해주는 거죠.

스마트 거울 말고 다른 사례들도 좀 더 이야기 해봐요. AI를 이용해 일기예보, 개인의 달력과 사교 행사 목록 등 다양한 데이터 소스를 분석할 수 있어요. 이런 데이터 소스를 분석해서 얻은 통찰을 바탕으로 '스마트 옷장'이 그 날의 날씨에 적합한 옷을 추천해주는 겁니다. 또는 개인적으로 특별한 날이나 그 지역에서 개최되는 행사에 어울리는 옷을 추천해줄 수도 있을 거예요.

스마트TV, 스마트 거울, 스마트 온도조절장치, 스마트 자물쇠와 경고 시스템, 스마트 보안 카메라와 스마트 주방 용품과 같은 다양한 제품이 스마트 홈 허브와 결합되면, 통합된 스마트 홈이나 스마트 아파트(그리고 스마트 오피스 등)가 등장할 수 있어요. 이 모든 시스템들은 스마트 홈이나 스마트 아파트의 거주자들의 습관과 욕구를 통합적으로 이해하고 그들의 구체적인 니즈에 맞춘 환경을 제공하게 될 겁니다.

° AI와 의사소통

크리스 다양한 유형의 의사소통에서 AI가 도움이 될 수 있어요. 자연어 처리와 생성을 살펴보죠. 최근에 크리스티안 해먼드는 이엠테크 MIT에서 청중들에게 이렇게 말했죠.

언어는 그 자체가 기적이고 유일하게 인간만이 사용한다. 물론 개에게 무언가를 가르칠 수 있다. 까마귀는 도구를, 비버는 댐을 사용한다. 그러나 사람처럼 언어를 사용하는 생명체는 존재하지 않는다. 기계도 단어를 사용하고 이해하지만 인간의 언어를 이해하고 사용하기 위해 고군분투한다.

크리스티안 해먼드는 노스웨스턴 대학교의 컴퓨터 과학 교수이자 내러티브 사이언스의 공동 창립자죠. 그는 퀼이라는 소프트웨어를 개발했어요. 퀼은 데이터를 인간의 언어로 구성된 지능적인 내러티브로 변환시켜요. 퀼은 데이터를 분석하고 내러티브를 만들죠. 그리고 그 내러티브를 중심으로 스토리를 구성해요. 이해하기 쉽게 가장 적절한 사례를 들어볼게요. 기업은 퀼을 이용해서 자동으로 분기별 규제 보고

서를 작성할 수 있어요. 이렇게 하면 사람들은 보고서 작성보다 보고서를 검토하는 데 시간을 더 쓸 수 있죠. 그리고 이기술은 고객 참여를 높이고 운영 효율성을 개선하는데도 활용될 수 있어요.

에이미 AI가 이해를 돕는 방식을 보여주는 훌륭한 사례네요. 퀼은 데이터를 샅샅이 뒤지고 스토리 생성에 핵심이 되는 두 가지 문제를 중심으로 데이터를 활용합니다. 그 두 가지 문제는 바로 화제가 무엇이고 그것에 대해서 알아야 할 것은 무엇인가 예요. 그러서 나서 퀼은 인간이 이해하기 쉬운 방법으로 결과를 도출하죠.

크리스 그 이야기를 들으니 한 가지 사례가 떠오르네요. 환대산업입니다. 환대산업은 숙박산업, 관광산업, 식음산업, 레스토랑 산업을 말해요. 환대산업은 고객을 이해하기 위해서 AI를 활용하고 있어요. 이렇게 얻은 이해를 바탕으로 매끄럽게 최상의 서비스를 고객에게 제공하는 것이죠.

가령 멜리사가 자신의 30살 생일을 축하하기 위해서 친구들과 뉴욕을 가려고 해요. 멜리사는 당장 스마트폰을 집어들고 뉴욕의 도심과 외곽 사이에 위치한 호텔을 검색하겠죠.

멜리사는 모바일 열쇠와 모바일 체크인 등 한 호텔이 제공하는 최첨단 편의용품과 서비스에 매력을 느껴요. 예약 가능한 방이 있다는 사실을 애플리케이션을 통해 확인했지만, 갑자기 온 전화를 받느라 방 예약을 깜빡해요. 며칠 뒤 페이스북을 하던 멜리사는 호텔을 예약하라고 알려주는 유료 검색 광고를 보게 되죠. 덕분에 멜리사는 방을 예약하고 친구들에게 여행 계획을 알리죠.

여행을 일주일 앞둔 날로 가 봐요. 멜리사는 애플리케이션으로 체크인을 하라는 메일을 받죠. 멜리사는 모바일 체크인 서비스를 이용해요. 여행 당일, 호텔에 들어서는 멜리사에게 환영한다는 푸시 알림이 와요. 알림을 본 멜리사는 사전에 체크인을 했다는 사실을 떠올리고 바로 예약한 방으로 가요. 그리고 알림에는 방 번호가 적혀 있고 모바일 애플리케이션으로 방을 열 수 있다는 메시지도 담겨 있어요. 그래서 방 열쇠를 받으러 로비의 프론트 데스크를 들리지 않고 바로 방으로 올라가요.

멜리사는 스마트폰에 있는 애플리케이션을 이용해서 방을 열고 들어갑니다. 방에 들어간 멜리사는 TV를 켜고 방문을 환영한다는 개인 메시지를 발견해요. 그리고 그 메시지에는 호텔 웹사이트에 로그인해서 그녀의 방문 목적에 맞게 호텔이 추천하는 경험 목록을 확인하라는 내용도 담겨 있죠. 그녀는 목록을 확인하고 그 중에서 뉴욕 닉스 경기를 예매해요. 그리고 친한 친구들과 함께 뉴욕 닉스의 승리를 응원하면 주말을 보내죠.

에이미 고객에 대한 이해를 높이기 위해서 호텔이 AI를 어떻게 사용하는지를 보여주는 좋은 사례네요. 그런데 이 사례에서 이해의 어려움이 들어나요. 그리고 고객 이해와 관련해서 많은 기업들이 경험하는 세 가지의 주된 애로사항도 드러나죠.

첫 번째 어려움은 데이터의 사일로현상입니다. 다시 말해 데이터가 다른 시스템의 다른 데이터베이스에 저장되어 있고 부서 간 데이터 공유가 원활하게 이뤄지지 않는다는 거죠. 두 번째 어려움은 데이터가 비구조적이라는 것이고 세 번째 어려움은 데이터가 실행가능하지 않다는 겁니다.

이 경우, 호텔은 AI를 이용해서 고객에 대하여 통합된 데이터를 수집했어요. 이 덕분에 호텔은 실시간으로 방대한 데이터를 초고속으로 처리할 수 있었죠. 호텔은 실시간으로 테라바이트의 데이터를 처리해서 진행 중인 이벤트나 행사에 대한 정보를 고객에게 전달할 수 있었어요.

° 헬스케어 분야에서 고객 이해를 돕는 AI의 사례

크리스 에이다는 런던과 베를린에 있는 헬스테크 스타트업이에요. 에이다는 소위 '개인의 건강 동반자와 원격의료 애플리케이션'을 시장에 내놓았죠. 환자들이 이 애플리케이션에 자신의 증상을 이야기하면, 애플리케이션은 그런 증상이 나타날 수 있는 원인들을 알려주고 증상을 평가해요. 정황상 타당하다고 판단되면, 에이다는 실제로 병원을 방문해서 전문가와 상의할 것은 추천해요.

이 인공지능 엔진은 수년 동안 실제 사례와 질환, 증상 그리고 진단에 대한 정보가 담긴 의료 데이터베이스와 결합된 자료로 학습했어요.

에이미 또 다른 사례는 삼성의 AI 안경입니다. '너를 다시 알다(Know You Again)'라는 이름의 이 AI 안경에는 증가현실 기술이 적용되었죠. 치매나 알츠하이머를 앓고 있는 사람들을 위해 개발되었어요. 이 안경을 쓰면 환자의 눈앞에 스크린이 나타나요. 이 스크린에는 다가오는 사람이 누구인지뿐만 아니라 환자가 보고 있는 사람에 대한 중요한 정보와 그 사람과의 마지막 대화에 대한 정보가 나타납니다. 이것은 인공지능이 혁신적이고 의미 있는 경험을 창출하는 사례죠.

° 고객 이해

크리스 고객을 이해할 필요성은 새로운 것이 아니죠. 그런데 이해 과정이 갈수록 더 정교하고 복잡한 프로세스가 되고 있어요. 생각해보면, 고대 시대의 시장 상인들도 고객의 행동, 습관 그리고 욕구를 인식하고 이해했어요. 그들은 전후 사장에 따라 자신들의 판매 전략을 수정했죠. 예를 들면, 무더운 날에는 시원한 수박을 팔고, 금요일에는 생선을 팔고 특별한 기간 동안에는 갓 구운 빵이나 쿠키를 판매하는 겁니다.

대화의 난이도가 점점 높아지는군요. AI를 활용하여 점진적으로 고객의 욕구, 행동 그리고 니즈를 학습하고 더 좋은 그리고 더 개인화된 경험들을 만들어낼 수 있죠.

여러 부문에서 똑같아 보이는 슈퍼마켓이라도 고객을 이해하려는 노력을 찾아볼 수 있어요. 슈퍼마켓의 매장은 인간 행동에 대한 이해를 바탕으로 설계됩니다. 슈퍼마켓은 과일과 채소와 같은 신선식품을 보통 매장 앞 쪽에 배치하죠. 신선식품을 구매하는 경험이 사람들을 기분 좋게 만들고 나중에 덜 건강한 제품을 구매하는 것에 대해 죄책감을 덜 느끼게 만들기 때문이에요.

고객을 완전히 이해하기 위해서는 수년에 걸쳐 여러 장소, 기업 그리고 가상세계와 물리적인 세계에서 형성된 방대한 양의 정보가 필요하죠. 간단하게 말하면, 아마존의 경우 사용자의 구글 검색 결과를 토대로 맞춤형 결과를 제공합니다. 고객 이해를 심화하기 위해 아마존은 이번 주에 사용자가 어느 상점을 방문했는지 그리고 무엇 구매했고 검토했는지도 살펴보고 개인의 니즈에 맞는 결과를 제공해요. 문제는 이런 정보는 개별 기업의 다른 데이터베이스에 저장되어 있어서 한 번에 접근하는 것이 쉽지 않다는 거죠.

어도비 익스피어리언스 클라우드와 같은 소프트웨어가 해결하는 문제들 중 하나가 지오펜스(geofence)*, 행동 그리고 기타 기준을 토대로 데이터 사일로를 없애는 거예요. 기업은

---

* 응용 프로그램에서 위치 기반 서비스(LBS)를 이용하여 특정 지리적인 영역에 설치하는 가상 울타리다. 특정 영역에 가상 울타리(geo-fence)를 치도록 지원하는 응용 프로그램 인터페이스(API)를 지오펜싱(geo-fencing)이라 한다. 사용자가 특정 영역에 원형이나 사각형 등의 형태로 가상 울타리를 지정하여, 가상 울타리의 출입 현황을 확인할 수 있다. 예를 들어, 부모가 아이를 보호하기 위해 설정해 놓은 가상 울타리에서 아이가 벗어나면 부모에게 즉시 알려준다. 또, 치매 환자 보호, 회사 내 출입 관리, 쇼핑몰의 마케팅 등에도 활용될 수 있다.

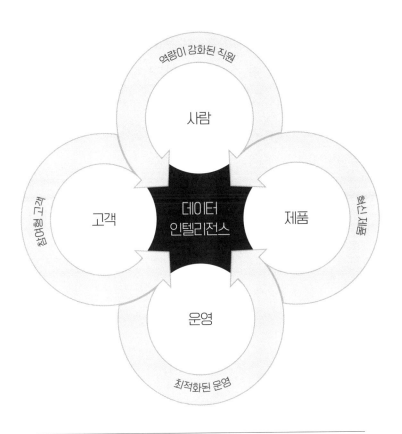

데이터 피드백 루프

이를 통해 얻어낸 고객에 대한 통찰을 바탕으로 각 고객의
니즈에 정확히 맞춰진 아주 개인화된 경험을 고객에게 제공
할 수 있죠.

　고객 행동을 이해하고 의미 있는 AI 기반 경험을 제공하

면, 기업은 고객 충성도를 유지하고 효과적으로 경쟁자의 시장 진출을 막아낼 수 있죠. 요즘 세상은 빨리 움직이고 끊임없이 변해요. 이런 환경에서 거의 즉각적으로 만족스럽고 도움이 되는 경험을 고객에게 정확하게 전달하는 것이 바로 성공 전략이죠.

에이미 이제 다음 주제인 성과로 넘어가죠. 참고로 성과는 측정과 최적화에 초점을 둡니다.

제9장

성과
: 측정과 최적화

크리스   기본적으로 성과는 무언가가 정확도를 개선/최적화하고 의사결정을 지원하는 것을 목표로 얼마나 잘 작동하는지를 평가하는 것이죠. 성과는 속도, 이해, 실험 그리고 결과와는 뚜렷이 구별되죠.

성과의 개선은 3단계로 구성됩니다. 첫 번째 단계는 AI 솔루션의 목표와 핵심성과지표를 정의하는 겁니다. 이 단계는 AI 이니셔티브에 착수하는 순간에 행해지죠. 물론 이니셔티브의 주요 마일스톤에서 변경되고 방향이 조정되기도 하죠. 두 번째 단계는 핵심성과지표 대비 성과를 추적하고 측정하는 거예요. 세 번째 단계는 핵심성과지표에 따른 측정 결과를 토대로 두 번째 단계로 되돌아가서 솔루션을 최적화하는 것이죠.

° 핵심성과지표

핵심성과지표 혹은 KPI는 목표를 얼마나 효과적으로 달성하고 있는지를 보여주는 지표입니다. 핵심성과지표덕분에 기업과 팀은 자신들이 목표 달성으로 이어지는 결과를 얻어내고 있는지를 알 수 있죠.

에이미 성과 측정과 최적화는 개인, 집단, 조직, 시스템 혹은 구성 요소의 성과에 관한 정보를 수집하거나 분석하거나 보고하는 프로세스로 정의할 수 있어요. 여기에는 조직 내 실행되는 프로세스와 전략에 대한 연구나 엔지니어링 프로세스, 매개변수 그리고 현상에 대한 연구가 수반될 수 있죠. 이

1	2	3
핵심성과지표를 정의한다.	핵심성과지표를 추적하고 측정한다.	최적화한다.

3단계

것들은 성과물이 의도나 목표에 맞는지 파악하기 위해서 필요한 작업들입니다. 성문화된 성과에 관한 이론, 원칙과 학문이 무수히 존재하죠. 하지만 이렇게 무수한 이론, 원칙 그리고 학문이 현실을 반영하지 못한 채 무턱대고 쏟아지고 있어요. 그리고 가끔 전반적으로 핵심에서 벗어나기도 하죠.

디자인 씽킹은 디자인/소프트웨어 문제뿐만 아니라 복잡한 비즈니스 성과 문제를 찾고 해결하는 성공적인 방법론으로 조직 전반에서 활용되고 있죠. 디자인 씽킹은 최고 성과를 얻기 위해 성과를 측정하고 최적화하는 것에 초집중하죠. 이 개념은 AI 솔루션과도 관련이 있어요.

° 전략과 전술

슈퍼 프레임워크 안에서 성과는 전술적 차원과 전략적 차원에서 AI 솔루션이 목표를 얼마나 잘 달성하는지 측정하고 최적화한답니다. 지금으로부터 약 2,000년 전 손자는《손자병법(The Art of War)》에서 '전술 없는 전략은 아득한 승리이고 전략 없는 전술은 소란스러운 패배'라고 했죠. 이 말은 지금도 의미가 있어요. 이게 무슨 말이냐 하면, 전략은 비즈니스의 장기 목표이고 목표 달성을 위한 계획이죠. 그리고 전술은 전략 달성을 위해 밟아야 하는 단계인 것이죠. 전술은 전략의 구성 요소랍니다.

어떤 식으로든 모든 비스니스에 AI가 사용될 거예요. 모든 조직이 경쟁에서 살아남기 위해 '더 똑똑해져야' 하니까요. 하지만 얼렁뚱땅 AI 전략을 세워서는 원하는 바를 얻을 수가 없죠. AI를 활용한 비즈니스 전략을 세운다면 성공률이 더

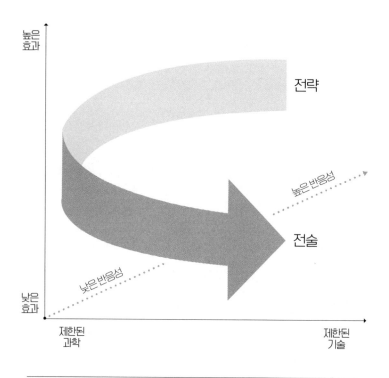

전략 vs 전술

올라갈 겁니다.

크리스 최근에 포뮬러 원 선수였던 지인과 AI가 레이스 기록을 당기는 데 어떻게 사용되고 있는지에 대해서 이야기를 나눴죠. 각 레이싱카에는 200여개의 센서가 장착돼있어요. 레이싱카가 주행하는 동안, 이 센서들이 데이터 포인트를 수집하죠. 센서들은 엔진 작동, 타이어의 그립, 온도 등을 기록해요. 르노 스포츠 포뮬라 원 팀의 최고 정보 책임자 피에르 드임블레발은 '인공지능은 레이스에 아주 중요해질 것이다. 트랙을 한 바퀴 도는 동안 선수가 최고의 결정을 내릴 수 있도록 인공지능을 활용해 우리가 도울 것'이라고 말했죠. 이렇게 수집한 정보를 토대로 레이싱카가 최적화되고 더 좋은 기록을 낼 수 있게 되죠. 하지만 AI가 레이싱카 자체를 개조한다는 것은 아닙니다. 예를 들어 AI는 피트 스톱에서 타이어를 교체할 최적의 시간을 예상하지 레이싱카를 완전히 개조하지는 않아요.

이 이니셔티브의 이면에 마이크로소프트의 기술이 있죠. 애저 머신러닝은 클라우드에 존재하는 AI 프레임워크입니다. 애저 머신러닝은 레이싱카의 성능을 측정하고 최적화하는 데 유용해요. 애저 머신러닝은 마이크로소프트 클라우드와 애저 스트림 애널리틱스를 이용해요. 르노의 슈퍼컴퓨터와 함께 가상의 3D 레이싱카 설계도를 이용해서 레이싱카를 점검하죠.

에이미　전술적 차원과 전략적 차원에서 AI가 어떻게 성능을 측정하고 최적화를 위한 통찰과 경쟁우위를 제공하는지를 보여주는 사례이군요.

　좀 더 획기적인 사례를 들어볼게요. 르노는 마이크로소프트 홀로렌즈로 레이싱카 주변 기류와 같은 요소를 시각화하고 있어요. 당초 홀로렌즈는 작업 현장에서 사용하기 위해 개발된 기술입니다. 협업, 훈련과 교육에 유용하죠. 홀로렌즈는 아키텍처 시연, 자동차 시제품 제작, 의료교육 실시 등의 여러 분야에서 활용되고 있어요. 이처럼 AI와 결합되면 창의성이 개선될 가능성이 무궁무진해지죠.

크리스　화낙의 가쿠슈 러닝소프트웨어(가쿠슈는 학습을 의미하죠)는 제조 로봇에 내장되어 운영 속도를 높이죠. 그리고 딥러닝의 속도를 가속화시킵니다. 가쿠슈가 내장된 로봇은 데이터의 수집과 저장을 통해 작업을 학습하고 실시간으로 변화에 맞춰 작업 속도 등을 조정합니다. 학습 프로세스가 완료되면, 학습된 로봇은 자동으로 움직인답니다. 성과 측정 결과, 점용접의 속도가 15% 개선됐어요.

° 성과 측정의 필요성

에이미 성과 측정은 프로젝트가 성공적으로 진행되고 있는 지를 확인하는 필수 단계입니다. 어찌 보면 측정에는 프로젝트의 실패 여부를 판단한다는 측면도 있죠. 그래서 다소 양극화된 개념이라 할 수 있어요. 하지만 실패라고 해서 실패가 아니에요. 모두 최적화의 기회니까요. 심지어 성과 측정 결과와 실제 통계 자료로 핵심성과지표를 최적화해야 합니다.

크리스 통계와 성과 측정 결과가 핵심성과지표에 반영되고 있는지 확인해야죠. 이런 과정을 통해 AI 이니셔티브 진행의 장애물을 극복할 기회가 생기죠.

에이미 그리고 이런 질문도 해봐야 해요. 핵심성과지표에 측정 결과와 통계가 반영되기에 시간이 충분했나? 예측 불가했던 광범위한 변화가 시장에 발생하지 않았나? 핵심성과지표를 재점검하고 개선해야 했나? 하드웨어가 성과를 지원하지 못한다거나 네트워크가 너무 느린 것처럼 기술적 이유로 제품이 제 기능을 발휘하지 못했나?

크리스 마케팅도 살펴봐야죠. 마케팅의 대상을 제대로 설정했었나? 마케팅에 자금 조달이 적절하게 이루어졌나? 정확하게 측정하고 있나? 측정 결과와 원인의 연관관계를 밝힐 수 있나?

에이미 즉 성과 측정과 핵심성과지표는 전체론적으로 점검되어야 합니다. 그리고 통계 결과를 어느 수준까지 신뢰할 수 있는지도 이해하고 있어야 하죠. 환경적 요인도 고려를 해야 합니다. 데이터가 오염되지 않았는지도 확인해야죠.

크리스 네, 측정은 중요해요. 하지만 측정 결과를 토대로 내린 결론을 반향실* 안에서 검토해서는 절대 안 됩니다. 다시 말해 비슷한 생각을 가진 사람들끼리 모여서 결과를 검토해서는 안 된다는 겁니다. 결과를 비판적으로 평가할 수가 없

---

* 소리를 메아리처럼 울리게 만든 방이다. 소위 반향실 효과, 확증 편향이란 비슷한 생각을 가진 사람끼리 모여 있으면 그들의 사고방식이 더 증폭되고 극단화됨을 의미다.

으니까요. 세상은 복잡하죠. 그런데 이런 복잡성을 항상 고려해서 성과 측정이 이뤄지는 경우는 드물죠.

에이미 정확하게 파악하고 있네요. 그래서 더 많은 측정 결과가 필요하죠. 기존의 측정 결과가 정확하지 않거나 타깃팅이 잘못 됐을 수도 있으니까요. 기억하세요. 측정 결과는 단순한 데이터 포인트지 결론이 아니에요. 기업은 이 데이터 포인트, 즉 측정 결과를 토대로 결론을 내리죠. 그러므로 측정 결과가 부정확하거나 충분하지 않다면, 그 결론은 틀린 것이 됩니다.

° 데이터 원천

크리스 옛말에 '그 어떤 계획도 눈앞의 적에겐 무력하다'란 말이 있죠. 그러므로 계획은 유연해야 합니다. 진짜 세상과 시장의 복잡성은 항상 진화하기 때문에 적응이 필요해요. 그래서 최적화 단계가 중요한 것이죠.

AI 프로젝트가 성공하려면, 데이터 원천의 질을 파악하고 있어야 합니다. 맥킨지 쿼털리에 따르면, '잘 구성된 원천 모델은 진행 혹은 중단 결정의 신뢰도에 대해 스트레스 테스트를 실시할 수 있고 경영진이 중대한 데이터 세트를 언제 개선해야 하는지를 결정하는 데 도움이 된다.'고 해요.

에이미 '출처'의 뜻을 아시나요? 무언가가 생겨난 시간과 장소를 말하죠. 데이터의 경우, 데이터가 어디서 나왔고 언제 획득했는지를 파악해서 그 데이터의 신뢰도를 판단하죠. 그래서 각각의 데이터를 살피고 그 데이터의 계통을 그려야 해요. 사용자가 그 데이터를 입력했는가? 그 데이터는 IoT기기에서 나왔나? 그 정보가 소셜 미디어에서 수집된 것인가? 혹은 그 데이터가 업무에 관한 것이었나? 이런 질문에 대한 답을 찾아야 합니다.

크리스 잘 알고 있군요, 에이미. 정보의 원천을 이해하는 것은 중요해요. 그 누가 의심스러운 데이터를 토대로 결론을 내리고 싶겠어요. 신뢰도가 검증되지 않은 데이터로 성과를 정확하게 평가할 수 없어요. 그리고 원천이 확실치 않은 데이터 때문에 잘못된 결론을 내리고 이를 토대로 최적화 프로세스를 수행하게 될 수도 있어요.

앞서 제조업에서 성과의 중요성에 대해 살펴보죠. 제조업은 AI의 진가가 발휘되는 분야랍니다. AI는 수요, 공장의 생산 능력과 설비 고장 등을 예측하는 데 도움이 되죠. 이런 예측을 이용해 비용 절감과 효율성 개선이 가능합니다.

° 4차 산업혁명

에이미 인더스트리 4.0 이니셔티브를 말씀하시는 것 같네요.

크리스 정확해요! "4차 산업혁명"이라고도 불리죠. 로봇과 AI로 공장을 자동화하면 앞서 에이미가 언급했던 문제들 중 많은 것들이 해결돼요. 휴렛팩커드 엔터프라이즈의 글로벌 제조 사업부의 부사장 폴크하르트 브레굴라에글는 이렇게 말했어요.

AI 기반 예측 분석 모델을 이용해 공장을 관리하면 예정에 없던 시스템 다운타임을 60% 이상 줄일 수 있다. 이것은 생산 중단, 부품 교체와 재고 관리로 누적되는 비용을 급격하게 줄인다.

추가적으로 기존의 산업 자동화는 재프로그램에 수백 시간이 소요됩니다. 그래서 공장 운영 방식을 필요에 따라 수시로 바꾼다는 것은 비현실적인 생각이에요. 그러나 머신러닝은 산업용 로봇의 재프로그램을 위해 발생하는 지연을 줄이거나 없앨 수 있어요.

우선 유지관리를 위해 핵심성과지표를 정해요. AI는 공급망, 품질 관리와 자동화에서 성과 측정과 최적화에 활용될 수 있죠. 로봇은 이미 제조업에서 흔하게 사용되고 있죠. 하지만 주어진 작업을 수행하기 위해서 인간이 이 로봇을 학습시켜야 해요. 딥러닝이 가능한 로봇은 작업 방식을 스스로 학습하죠. 그리고 시간이 지나면서 스스로 그 방식을 개선해 나가죠.

AI는 개별 작업이나 특정 부분보다는 전체 비즈니스 프로세스를 자동화하는 데 아주 유용하답니다. 이를 위해 소프트웨어 로봇을 작업별로 학습시킵니다. 이 개별 작업들이 통합된 단일 프로세스로 조정되고 인간 관리자는 대시보드를 보면서 한 장소에서 일어나는 모든 활동을 확인합니다. 이렇게 전체 프로세스가 모니터 되고 통제되는 것이죠.

에이미 제조업에서 성과에 대한 AI의 영향에 대해서 좀 더 살펴봐요. 코봇을 볼까요. 코봇은 인간과 함께 작업하는 협동 로봇이랍니다. 코봇은 인간과 기계가 더욱 통합적으로 협업하도록 만들어서 생산성을 높일 수 있어요. 인간과 기계가 통합적으로 협업하면 인간의 장점과 기계의 장점을 모두 활용할 수 있거든요.

가전제품에서 AI가 어떻게 활용되는지도 볼까요. 아이로봇은 AI를 이용해서 룸바 로봇 청소기를 개선하고 있죠. 룸바 로봇 청소기는 방의 구조를 파악해 지도를 그리고 기억해요. 그리고 각 방의 구조에 맞게 청소 모드를 조정하죠. 이것이 가능하려면 룸바 로봇 청소기는 격자무늬를 토대로 방의 지도를 그리고 다른 방과 복도를 나눌 수 있어야 합니다. 그리고 누군가가 항상 방을 사용하고 방의 구조는 끊임없이 변하기 때문에 이 로봇 청소기는 지속적으로 청소 기능을 조정하고 경로를 최적화해야 하죠. 가령 사람들이 가구를 피해서 방 안을 움직이고 바닥 중간에 옷을 벗어놓거나 동물과 어린 아이들이 로봇의 경로를 방해할 수 있어요. 아이로봇의 엔지니어들은 실제로 사람들이 사는 집과 같은 환경에서 룸바의 성능을 평가하고 다음 버전에 최적화된 결과와 개선 사항을 반영하고 있습니다.

° 농업

크리스 농업에서도 AI가 유용하게 활용될 수 있죠. 농사를 지으려면, 물, 에너지, 노동력, 비료와 기타 지원이 필요하죠. AI로 '지능적인' 농업이 가능합니다. 저는 이런 농업을 '정보에 기반을 둔 농업'이라고 부를게요.

에이미 요즘 농부들이 어떻게 농사를 짓는지 생각해봐요. 대부분 농부들은 대량의 물을 작물에 뿌리고 해충제를 마구잡이로 뿌리죠. 그리고 엄청난 양의 비료를 마구 들이붓습니다. 하지만 일부 농부들은 밭의 토양에 센서를 심어서 수위와 영양 상태를 실시간으로 모니터하고 있어요. 일단 데이터가 수집되고 분석되면, 정확하게 물, 해충제와 비료의 양과 주는 시기를 정확하게 관리할 수 있죠. 이 데이터를 이용해서 AI 기반 기기는 필요한 곳에 물을 공급하고 해충의 피해를 입은 곡식이나 구역에만 정확하게 해충제를 살포하고 밭 전체가 아니라 필요한 곳에 정확하게 비료를 뿌리죠. 이 전체 프로세스에서는 AI 솔루션의 성과를 지속적으로 모니터해야 합니다. 이것이 농업의 실시간 최적화로 이어지죠.

크리스 농업과 AI를 접목시키면, 병해가 발생하여 논밭이 황폐화되기 전에 농작물이 걸리는 병의 원인을 밝히고 대응하는 엄청난 기회를 얻을 수도 있어요. 탄자니아에서 한 연구팀이 이전학습 기법을 이용해 농작물의 병의 정체를 밝히는 AI 시스템을 개발했어요. 구글의 오픈 AI 시스템 텐서플로우는 2,756개의 카사바 나무 잎 이미지를 보유한 라이브러리를 설계하는 데 사용됐죠. 라이브러리가 완전히 구축된 뒤, AI는 98%의 정확도로 카사바 나무에 발병하는 병의 정체를 밝힐 수 있었어요.

에이미 그 이야기를 들으니 AI 기반 오이 농장이 떠오르네요. 오이를 솎아내는 것은 꽤나 힘든 작업이에요. 오이마다 색깔, 모양, 품질, 식감 그리고 신선도가 아주 조금씩 차이가 나기 때문이죠. 마코토 코이케는 머신러닝을 이용해서 부모님의 경영하는 농장에서 오이를 9가지 등급으로 분류해냈어요. 여기에 텐서플로우도 사용됐어요. 딥러닝을 이용한 이 시스템은 3개월에 걸쳐 7,000개의 이미지를 학습했어요. 이미지를 인식하고 분류하기 위한 작업이었죠. 이 시스템이 도입되기 전에 가족 농장의 어머니는 하루에 8시간을 오이 분류 작업에 썼어요. 하지만 시스템이 도입된 후에 작업 시간이 현격히 줄어들었죠.

° **물류**
....

크리스 AI가 오이 분류에 아주 용이하게 사용될 수 있군요.

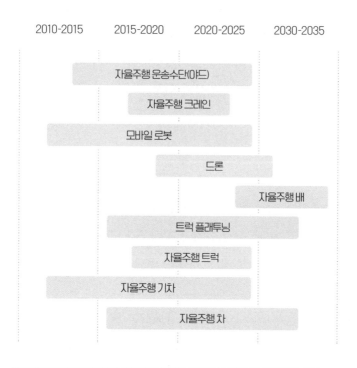

| 2010-2015 | 2015-2020 | 2020-2025 | 2030-2035 |

자율주행 운송수단(야드)

자율주행 크레인

모바일 로봇

드론

자율주행 배

트럭 플래투닝

자율주행 트럭

자율주행 기차

자율주행 차

업스트림 관리에서 자율주행 물류
© 리차드 마틴 2010

AI가 글로벌 물류에 미칠 영향이 어떨지 상상이 안가네요. 물류는 예부터 글로벌 공급망의 복잡성에서 생겨난 데이터로 엄청난 압박을 받아왔죠. IoT기기가 빠르게 확산되면서, 이 압박은 더욱 심해졌죠. IoT가 실시간으로 경악할 정도로 방대한 양의 데이터를 만들어내고 있거든요.

에이미 물류는 다국적 기업, 수많은 공급업체 그리고 서비스 공급업자 등 수많은 이해관계자들로 구성돼요. 물류가 잘 돌아가기 위해서는 모든 이해관계자들이 서로 협업을 해야 하죠. 각 이해관계자들은 자신들의 니즈에 따라 굉장히 상이한 설비, 데이터베이스와 소프트웨어를 사용해요. 이해관계자들이 세계 곳곳에 존재하기 때문에 인간 언어의 복잡성도 심화되죠. 그리고 물류의 이해관계자들 간의 상호작용이 컴퓨터로 기록되지 않는 경우가 다반사랍니다.

가트너 리서치 부사장 노하 토하비는 '인공지능, 머신러닝, 기업의 사회적 책임 그리고 비용 대 서비스 분석이 향후 10년 안에 공급망에 상당한 변화를 일으킬 것'이라고 책임 분석가로 참여한 연구의 보고서에서 말했죠.

IBM과 웨더채널은 딥썬더 프로젝트를 진행하고 있습니다. 딥썬더 프로젝트의 목표는 머신러닝을 활용하여 이상기후와 산업에 대한 영향을 분석하는 것이죠. 딥썬더 프로젝트에서 IBM 왓슨은 매일 100테라바이트가 넘는 데이터를 분석하고 더 신뢰할 수 있는 일기예보를 내보냅니다. 예를 들면 폭풍, 허리케인 그리고 태풍의 영향을 특정 위치를 중심으로 분석하죠. 이런 정보는 공급망에 아주 중요합니다.

크리스 AI로 성과를 향상시킨 사례는 이 외에도 많죠. 그 중 하나가 롤스로이스에서 출시한 R2 데이터 랩스죠. R2 데이터 랩스는 회사 내 전 직원을 연결하고 직원들은 데이터와 AI로 통찰을 얻고 고객을 위한 더 많은 가치를 창출해내죠. 그리고 R2 데이터 랩스는 머신러닝으로 방대한 데이터를 분석해냅니다.

GE는 모든 제트 엔진의 '디지털 트윈(digital twin)[*]'을 제작하고 있어요. 이 덕분에 지상에서 실시간으로 엔진의 성능을 모니터할 수 있죠. 심지어 비행기가 비행 중인 경우도 가능합니다. 이 기술로 GE는 엔진 수리시기를 예측하고 실시간으로 엔진 사용 현황을 확인할 수 있어요.

뉴욕의 GE 글로벌 리서치센터에서 연소 시스템 개발을 책임지고 있는 앤소니 딘은 이렇게 말했죠.

디지털 트윈 덕분에 비행기 조종사는 카우보이이고 엔진을 험하게 사용한다는 것을 알았다. 비행기 조종사에 따라 연료 연소량이 달랐다. 디지털 트윈은 비행 중에 일어

---

[*] 현실세계의 기계나 장비, 사물 등을 컴퓨터 속 가상세계에 구현한 것을 말한다. 디지털 트윈 기술은 실제 제품을 만들기 전 모의시험을 통해 발생할 수 있는 문제점을 파악하고 이를 해결하기 위해 활용되고 있다.

난 모든 일을 기억한다. 이를 바탕으로 제트 엔진을 분류할 수 있다. 각 엔진마다 수명이 다르다.

에이미 정말 놀라워요. AI는 지속적으로 제품, 서비스와 AI 모델 자체의 성능을 측정하고 최적화해서 전략적이고 전술적으로 성과를 개선하고 있어요.

크리스 바로 그거에요. 이렇게 AI가 기업과 인간의 활동에 도움이 되고 결국 이 세상을 더 살기 좋은 곳으로 만들 거예요.

제10장

실험
: 실행 가능한 호기심

크리스 제가 말하는 실험은 실험 위한 실험이 아니에요. 목표는 실행 가능한 문제의 해결입니다. 슈퍼 프레임워크에서 실험과 실행 가능한 호기심은 두 가지 측면을 가지고 있죠. 호기심은 AI 전략에 포함되거나 호기심이 AI 모델 자체에 포함될 수 있죠.

실험의 핵심은 비즈니스 문제로 시작하는 것이죠. 실행 가능한 무언가로 실험을 시작해야 합니다. 그러고 나서 호기심으로 가능한 솔루션을 찾고 실험을 진행해서 그 솔루션이 문제를 해결하는지를 검증합니다. 이것이 '실행 가능한 호기심'이예요.

에이미 인류가 호기심과 상상력으로 현실 세계의 문제를 해결한 사례는 많죠. AI와 컴퓨터가 등장하기 이전에도 인류는 인상적이고 극적인 방식으로 문제를 해결해 왔어요. 로마의 송수로와 스페이스X 프로그램을 보세요. 이 두 사건 사이에는 2,000년이라는 시차가 존재해요. 이 두 사건에는 인류가 타고난 호기심과 상상력으로 풀 수 없을 것 같아 보이는 현실 세계의 문제를 해결했다는 공통점이 있죠.

˚로마의 송수로

크리스 맞습니다. 고대 로마시대의 송수로는 역사상 가장 위대하고 유용한 발명으로 꼽히죠. 고대 로마인들에게는 풀

| 물 자원 | 잠관 | | 저지대 교량 | 분배 |

송수로의 작동 방식
https://science.howstuffworks.com/environmental/green-science/la-ancient-rome1.htm

어야 할 숙제가 있었죠. 로마는 빠르게 성장했고 인구는 그 당시 최대 규모였죠. 도시 성장에서 물은 제약 요인이었죠. 충분한 물이 없으면 인구는 성장할 수 없죠. 게다가 사람들은 가뭄과 물 부족으로 고통 받았죠. 그래서 물과 관련된 문제는 더 시급하게 해결되어야 했습니다.

로마는 송수로를 건설해서 이 문제들을 해결했어요. 이것은 기본적으로 산 속에 있는 샘에서 도시로 물을 끌어오도록 설계된 수로예요. 송수로 건설은 간단치가 않았어요. 닥치는 대로 뚝딱 만들 수 있는 것이 아니었죠. 생각해보세요. 특히 최첨단 기술 없이, 대규모 송수로를 건설하는 겁니다. 송수로 건설과 관련된 문제와 복잡성은 어마어마했겠죠.

하지만 로마는 물 문제를 시급히 해결해야 했어요. 로마의 인구가 증가하면서 문제가 더욱 긴박해졌죠. 물론 사람들은 도랑을 파서 물을 마을, 밭 등으로 끌어올 수 있었어요. 이것은 인류가 농사를 짓기 시작한 순간부터 해왔던 일이죠. 인류는 강과 계곡에서 논과 밭으로 물을 끌어와야 했죠. 농작물에 물을 주기 위해서 말이에요. 필요에 의해서 로마사람들은 이 물 문제의 해결 방안에 대해 호기심이 생겼죠. 수년간의 실험과 경험을 통해 그들은 마침내 먼 곳에서 로마로 물을 운송하기 위해서 송수로를 짓기로 했어요.

로마인들은 자신들의 문제를 해결하기 위해서 피나는 노력을 해야 했죠. 그들에게는 달리 선택할 수 있는 대안이 없었어요. 인구 증가와 가뭄 대응을 위해 물 공급이 규칙적이고 안정적으로 이뤄져야 했어요. 그들은 수마일 떨어진 산 속 샘에서 강, 계곡과 산과 같은 장애물을 넘어서 물을 가져와야 했어요. 각 송수로는 산 속 샘에서 시작했고 수로나 납관을 통해 물을 수송했습니다. 수송로에 계곡이나 강이 있으면, 돌로 다리를 만들어 연결했죠. 만약 산이 있으면, 산에 터널을 뚫었어요. 로마인들은 양수기를 사용하지 않고 이 모든 작업을 수행했어요. 중력에 의해서 높은 곳에서 낮은 곳, 즉 도시로 물이 자연스럽게 흘러내리는 성질을 이용한 것이죠.

이 대규모 사업이 실행되기 위해서 뭐가 필요 했을까요? 우선, 자금이죠. 일반적으로 부유한 로마인들은 송수로 건설을 위해 사비를 털거나 일반 시민들은 특별세를 냈어요. 이렇게 재정을 확보했죠. 때때로 상인들은 파이프와 같은 건설 자재를 기부하고 돈을 직접 내기도 했어요.

이뿐만 아니라 수천 명의 노동자들과 관리자들을 고용해야 했어요. 그리고 송수로 건설 기간 동안 이들의 의식주를 해결해야 했습니다. 터널을 파고 다리를 놓고 파이프와 수로를 만들기 위해서 필요한 작업 도구를 제작해야만 했어요.

에이미 실제로 송수로를 건설하는 엔지니어를 생각해보세요. 전화, 컴퓨터, 이메일 혹은 중장비 없이 작업을 해야 해요. 모든 작업이 폭약, 중장비, 트럭, 컴퓨터 등 현대 기술 없이 진행됐죠. 이걸 생각하면 로마인들이 정말 어마어마한 일을 해낸 거예요.

크리스 가장 효율적인 송수로를 건설하기 위해서 실험도 필요했죠. 게다가 물류 지원도 필요했어요. 가령, 송수로 건설 사업에 투입된 인력이 지낼 임시 도시도 필요했고 물자도 정기적으로 공급되어야 했죠.
물 문제는 호기심과 실험으로 이어졌고 로마인들은 송수로 건설로 그 문제를 해결했죠. 물 문제가 없었다면, 로마인들은 송수로를 건설할 생각을 하거나 필요성조차도 느끼지 못했을 겁니다.

에이미 송수로는 로마인들에게 건설 능력이 있어서 만들어진 것이 아닙니다. 송수로는 실제 사회 문제를 해결하기 위해서 만들어진 것이죠.

크리스 문제가 해결되면, 진보를 이어나가기 위해서 다음에 해결할 문제를 정의해야죠. 아폴로 달 프로젝트의 결과는 기대 이하였죠. 해결할 문제가 없었거나 문제가 분명하게 정의되지 않았기 때문입니다. 최초로 달에 가겠다는 본래 문제는 해결됐죠. 하지만 이 문제가 해결된 이후, 사람들은 아폴로 달 프로젝트가 완료됐다고 생각했어요. 기본적으로 명확히 정의된 임무가 없어서, 프로젝트가 중단된 거죠.

°스페이스X

에이미 설득력 있어요. 앞서 말했듯, 송수로는 호기심과 실험이 문제 해결에 활용된 멋진 사례예요. 이번에는 스페이스X 프로그램에 대해 이야기 해봐요. 스페이스X 프로그램은 송수로와는 다른 하지만 여전히 아주 복잡한 문제를 해결하기 위해서 시작됐죠.

물질을 지구 표면에서 우주로 들어 올리려면, 많은 비용과 에너지가 필요하죠. 한 번 발사되고 나면, 로켓은 폐기됐죠. 어찌 보면 수천만 달러를 공중으로 날려버리는 거나 마찬가지에요. 31만 파운드를 저지구 궤도로 쏘아 올리거나 다 자란 코끼리 9마리의 무게에 맞먹는 10만 7,100파운드를 달로 보내려고 아폴로를 발사할 때마다 11억 6,000천만 달러의 비용이 발생하죠.

심지어 우주 왕복선 프로그램에서도 대형 추진 로켓은 바다로 떨어져 파괴돼서 회수가 불가능했죠.

이것이 우주 프로젝트에서 풀어야 할 문제랍니다. 스페이스X 프로그램은 지구로 되돌아오는 추진 로켓을 개발하여 이 문제를 해결하고자 합니다. 지구로 되돌아온 추진 로켓은 회수해서 계속 사용할 수 있잖아요. 이런 추진 로켓이 개발되면, 물질을 우주로 보내는 비용과 로켓 발사 시 발생하는 부작용이 줄어들죠. 발사할 때마다 추진 로켓을 새로 만들 필요가 없어져요. 지구로 되돌아온 추진 로켓을 점검하고 수리해서 다시 사용하면 되죠. 뭐니 뭐니 해도 개발 중인 초대형 로켓 발사체 팰컨 헤비 리스트 시스템은 9,000만 달러의 비용으로 3만 5,000파운드를 달로 보내거나 14만 700파운드를 저지구 궤도로 보낼 수 있을 겁니다.

송수로와 마찬가지로, 문제가 파악되면 해결책이 나올 수 있죠. 스페이스X 프로그램이 성공하려면, 우선 전체 기반시설을 새로이 구축해야 하고 엔지니어, 인부, 제조업자 등이 필요하고 필요한 자원을 공급하기 위해 공급망이 형성되어야 합니다.

크리스 스페이스X 프로그램은 재활용 추진 로켓을 지구에 착륙시키기 위해서 AI를 적극 활용해요. 이 솔루션은 '볼록 최적화 문제(convex optimization problem)[*]'를 해결하죠. 이것은 '어떻게 해야 연료가 완전히 소진되기 전에 추진 로켓이 지구에 착륙할 수 있을까?'란 물음에 가능한 모든 답을 생각해본다는 말이죠.

° 실행 가능한 호기심

에이미 대체로 호기심이 많은 사람들은 이것저것 캐묻기를 좋아하고 새로운 경험에 더 개방적이죠. 그들은 참신하고 흥미롭고 자신들을 생각하게 만드는 무언가를 항상 찾아요. 그리고 매일 반복되는 틀에 박힌 일상에서 쉽게 지루함을 느끼죠. 그들은 새로운 아이디어를 끊임없이 쏟아내고 대체로 애매모호한 상태를 관대하게 받아들이죠. 이런 유형의 사람들은 복잡성을 쉽게 처리하고 자신의 호기심으로 복잡한 문제에 대한 단순한 해답을 찾아내죠.

---

[*] 최적화는 어떤 목적함수의 함수값을 최적화(최대화 또는 최소화)시키는 파라미터(변수) 조합을 찾는 문제를 말한다. 볼록 최적화 문제는 볼록 함수의 함수값을 최적화시키는 것이다.

실행 가능한 호기심의 핵심은 아이디어입니다. 스스로에게 호기심을 갖고 그 호기심으로 문제에 대해 실행 가능한 해답을 받아들여야 합니다. 이것은 지능만으로는 부족해요. 실행 가능한 호기심을 가지고 목표를 달성하기 위해서 지능을 활용해야 하죠. 앨버트 아인슈타인은 '나에게는 특별한 재능은 없다. 나는 열렬히 궁금해 할 뿐'이라고 말했어요.

최근에 강화학습이 인공지능의 학습에 활용되고 있어요. 인공지능이 목표로 다가가는 과정에서 임수를 완수하면 인공지능에게 일종의 보답이 주어지죠. 이 기법은 AI 특화된 기기나 프로그램을 학습시키는 데 유용하답니다. 강화학습을 통해 조립라인에서 자동차를 최적으로 생산할 수 있어요. 그러나 인간의 지시 없이 자율적으로 움직이는 기계는 반드시 호기심을 가지고 있어야 강화학습이 가능합니다.

크리스 대단해요, 에이미. 저에게도 이야기하고 싶은 사례가 하나 있어요. 구글은 데이터센터의 적기요금을 줄일 수 있는지가 궁금했어요. 2014년 구글의 데이터센터는 시간당 440만 2,836메가와트의 전력을 소비했죠. 이것은 미국의 36만 6,903가구가 소비하는 전력량에 맞먹어요. 구글은 호기심이 생겼고 AI로 해결책을 찾을 수 있지 않을까 생각했죠.

그래서 구글은 실험을 해보기로 했어요. 팬과 냉각 장치 그리고 창문 등 데이터센터의 약 120개의 변수를 통제하는 신경망을 설계했죠. 그리고 구글은 전력 사용량을 15% 줄이기 위해서 딥마인드 AI를 사용했어요. 이것이 가능했던 이유는 사람들이 궁금했고 기꺼이 실험을 진행했으며 문제를 해결하기 위해 AI 전략을 세웠기 때문이에요.

˚ AI 모델

에이미 호기심이 어떻게 AI 모델에 적용되는지 조금 더 살펴보도록 해요. AI의 종류는 다양해요. 그리고 이번 논의를 위해 5가지 유형의 AI에 집중하고 싶어요. 호기심이라는 논의의 주제에 가장 적절한 것들이거든요. 강화학습, 지도학습, 비지도학습, 이전학습 그리고 반지도학습 입니다.

크리스 맞아요. AI 유형이나 활용 방법은 많죠.

에이미 이 5가지 유형의 AI 러닝에는 왕성한 호기심이 탑재되어 있죠. 각 유형에는 조금씩 차이가 있어요.

크리스 먼저 강화학습을 살펴보죠. 강화학습이 적용된 컴퓨터는 실행착오를 통해 스스로 학습하고 구체적인 결정을 내립니다. 경험을 통해 학습한 기계는 정확한 결정을 내리는 최상의 방법을 찾아내죠.

앤드류 응은 바이두의 최고 과학자이자 부사장이고 코세라의 공동회장이자 공동 창립자이며 스탠퍼드 대학교의 외

1　강화학습

2　지도학습

3　비지도학습

4　이전학습

5　반지도학습

5가지 AI 모델

래교수랍니다. 그는 강화학습을 강아지 훈련에 비유해요. 강아지가 바람직한 행동을 하면, 주인은 그 행동에 대해 보상을 해주죠. 반대로 강아지가 바람직하지 않은 행동을 하면, 주인은 보상을 주지 않아요. 이런 일이 반복되면 강아지는 어떤 행동을 해야 하는지 이해하게 되죠. 옳은 행동을 해서 보상을 받은 경험이 있기 때문입니다. 그래서 강화학습은 구체적이고 알려진 문제를 해결하는 데 적합해요.

에이미 두 번째는 지도학습이에요. 선생님이 지도하는 학습 과정을 생각해보면 이해하기 쉬울 겁니다. 선생님은 정답을 알고 있죠. AI 시스템은 학습 데이터세트를 토대로 계속 예측을 내놓습니다. 그러다 틀린 예측을 하면 선생님이 바로잡아주죠. AI가 주어진 과제를 제대로 해내면, 학습은 완료됩니다.

크리스 비지도학습에서는 정답은 없어요. 그리고 선생님의 개입도 없죠. 비지도학습을 하는 AI는 스스로 데이터에서 흥미로운 점을 찾아내야 합니다.

에이미 네 번째 유형의 AI가 우리의 논의에 유용해요. 이전

학습이죠. 하나의 작업을 수행하기 위해 학습한 내용을 두 번째 작업을 수행하는 데 다시 사용하는 겁니다. 지도학습으로 1만장의 사진에서 특정 물체를 인식하도록 AI를 학습시켰다고 치죠. 사진을 활용한 또 다른 프로젝트가 있다면, 새로운 프로젝트를 실행하기 위해서 AI가 이미 완수한 학습 내용이 활용될 수도 있어요.

다섯 번째는 반지도학습입니다. AI는 분류된 데이터로 학습을 시작해요. AI가 분류된 데이터를 어느 정도 숙달하면, 분류되지 않은 다른 정보로 학습을 시작하죠.

크리스 앤드류 응은 '이 많은 AI 모델 중에서 지도학습이 확실한 가치를 창출하고 있는 AI 모델이라고 생각한다. 이를 제외한 나머지 AI 모델의 경우에는 알고리즘, 개념 그리고 시장성은 여전히 초기 단계'라고 말했죠.

에이미 5가지 유형의 AI 모델은 모두 호기심과 해결책을 찾고 이해하고자 하는 욕구를 이용해요.

크리스 어도비 프로제트 썬 스티치는 상상력과 호기심을 활용한 AI 애플리케이션의 사례랍니다. 이 AI 솔루션은 콘텐츠

어웨어 필(Content-Aware Fill)*과 유사하지만 이미지에서 보기 좋은 그래픽 요소를 찾기 위해 많은 이미지를 검토합니다.

궁극적으로 우리는 비즈니스 문제를 해결하기 위해서 AI의 호기심과 실험을 이용하죠. 실험의 궁극적인 목표는 발명이어야 합니다. 여기에 용기가 필요하죠. AI 프로젝트를 진행하다보면 그 누구도 가보지 않은 미지의 영역을 탐구해야 하는 경우가 다반사거든요.

에이미 맞아요. 실패를 두려워하면, 성공할 수 없죠.

크리스 AI를 제한하는 것은 오직 상상력입니다. AI 프로젝트의 성공을 위해 당신을 가두고 있는 상자에서 벗어나서 생각할 뿐만 아니라 그 상자를 과감히 없애야만 해요.

---

* 포토샵에서 사물을 지우는 기능과 같은 '콘텐츠-어웨어 필'이라는 기능은 어도비 인공지능 엔진 'AI 센세이' 알고리즘을 이용해 지우고자 하는 움직이는 객체를 인식하고 배경을 분석해 그곳에 없던 것처럼 지워버린다.

제11장

결과
: 비즈니스 혁신

크리스 AI의 결과는 무엇일까요? 바로 비즈니스 혁신입니다. 생존을 위해 기업은 반드시 디지털 혁신과 조직적 혁신을 추구해야 하죠. AI의 도입이 그 시작이 될 겁니다. 포브스에 따르면 기업의 80%가 AI가 투자하고 있어요.

AI 전략을 수립할 때, 도출된 결과들은 자사 제품, ROI 그리고 비즈니스에 영향을 미칠 겁니다. 외딴 섬에 갇혀 AI 전략을 수립해서는 안 돼요. AI 솔루션은 다방면에서 경쟁력이 될 겁니다. 그리고 조직을 완전히 바꿔놓을 거예요. 이것이 AI의 진정한 가치랍니다.

결국 AI 전략에선 결과가 핵심이죠. AI 전략을 수립하는 동안, 결과는 단 하나의 프로젝트, 제품 혹은 서비스에만 영향을 주고 사라지지 않아요. 결과들은 전반적으로 디지털 혁신과 비즈니스 혁신 그리고 기업의 매출에 영향을 줘야 합니다.

° AI 기반 제품과 서비스

에이미 AI 기반 제품과 서비스에 대해서 이야기해보죠. 크리스, 우리는 앞서 룸바 AI 진공청소기를 살펴봤죠. 지금 하려는 이야기의 논점을 잘 보여주는 사례였다고 생각해요.

크리스 네, 맞아요. 룸바에 대해 이야기했었죠. 전 청소가 제일 싫어요. 제 입장에선 룸바가 이 문제를 기가 막히게 잘 해결해줬죠. 몇 년 전에 룸바를 구입했죠. 사람이 없어도 룸바가 알아서 집안 전체를 청소한다는 말에 얼마나 신났는지 몰라요. 심지어 우리 집 강아지도 룸바랑 노는 걸 좋아해요!

마법 같았어요. 그 작은 로봇이 온 집안을 혼자서 돌아다

59%	43%
IT, 기술 및 통신	비즈니스 서비스
32%	32%
고객 서비스	금융 서비스

AI가 큰 영향을 미칠 것으로 예상되는 산업

접점 분석	
대상 분류	
지리공간 이미지 분류	
지구물리학적 데이터 자동 감지	
이미지 텍스트 쿼리	
소셜 미디어 콘텐츠 유통	
예측적 유지관리	
확장 가능한 환잔 데이터 프로세싱	
고정 이미지 분류 및 태그 설정	
알고리즘 트레이팅 전략	

0 $2500

인공지능 수익
2025년 전 세계적으로 AI가 활용될 상위 10개 분야
트랙티카

녔죠. 제가 해야 되는 일이라곤 가끔 먼지 통을 비워주는 일
이예요. 얼마나 멋져요.

에이미 AI 프로젝트의 결과가 제품군에 반영된 사례네요.

분명 AI가 없었다면 룸바와 같은 제품은 이 세상에 나오지 못했을 테죠. 룸바는 크리스의 집 구조를 파악하고 지도를 제작해서 청소 구역을 정하죠. 여기서 기억할 것은 룸바의 지도가 항상 바뀐다는 거죠. 집 안에는 항상 사람들이 왔다 갔다 하고 가구의 배치도 바뀌죠. 심지어 반려동물들도 집 안에 있잖아요.

크리스 이 로봇 진공청소기를 개발한 신생기업은 룸바 덕분에 크게 성공했죠. 그래서 룸바는 AI가 기업의 성공에 어떻게 영향을 미치는지를 보여주는 적절한 사례입니다. 차세대 제품 콘셉트는 이전 모델의 콘셉트를 토대로 개발되죠. 보다 진보된 새로운 AI 기술을 이용해 소비자가 청소를 훨씬 더 쉽고 편하게 할 수 있는 제품이 개발되었어요.

° 로봇

에이미 여담이지만, 사람들은 로봇이라고 하면 사람을 닮은 인격을 지닌 기계를 생각해요. 하지만 현실에서 대부분의 로봇은 개발된 목적에 적합한 크기와 모양을 하고 있어요. 로봇 웨이터를 보세요. 로봇 웨이터는 스마트폰으로 음식 주문을 받고 쟁반에 음식을 담아서 배고픈 손님에게 가져다주죠. 로봇 웨이터는 바퀴가 달린 카트랍니다. 사람과 닮은 구석이라고는 찾아볼 수 없는 녀석이에요. 로봇 웨이터가 바퀴 달린 카트인 까닭은 '불쾌한 골짜기(uncanny valley)'를 피하기 위해서죠. 불쾌한 골짜기란 사람들이 인간이 아닌 존재를 볼 때, 그것이 인간과 더 많이 닮을수록 호감도가 높아지지만 일정 수준에 다다르면 오히려 불쾌감을 느낀다는 이론입니다. 일본의 로봇 공학자 마사히로 모리가 지난 1970년대 제시한 이론이에요.

크리스 핵심은 로봇의 모양이 아니라 AI 기술이 결합되면 새로운 제품이 개발된다는 것이죠. AI는 기존 제품, 서비스 그리고 프로젝트를 개선할 뿐만 아니라 완전히 새로운 제품을 만들어냅니다. AI가 의료업계에 어떤 변화를 일으키고 있는지 보세요. AI 덕분에 의료업계에서는 사람의 생명을 연장하고 목숨을 살리고 의료 서비스를 개선하는 새롭고 의미 있는 프로젝트가 많이 진행되고 있답니다.

에이미 제라 메디컬 비전의 이야기를 듣고 깊은 감동을 받았어요. 이 회사는 방사선학과 관련 있답니다. 제라 메디컬 비전은 AI 방사선 어시스턴트 시스템을 개발했어요. 이 시스템은 스캔 한 건당 비용을 1달러까지 낮추고 방사선 전문의에게 진단을 내릴 때 필요한 전문가의 조언을 제공합니다. 그 결과 저렴한 비용에 더 좋은 의료 서비스를 제공할 수 있게 되었답니다.

공정, 마케팅 그리고 생산의 관점에서 AI가 어떻게 제품 자체와 주변 기기를 개선하는지를 기억해 두세요. AI는 공급망, 온디맨드* 배달, 고용경제 물류, 개인화된 마케팅 등에 부과되는 중압을 없애 슈퍼그리드 물류, 물류 시장을 바꿔놓을 겁니다.

° ROI에 대한 AI의 영향

크리스 AI는 확실히 제품 자체에 큰 영향을 주고 있어요. 기존 제품과 신제품 모두에게요. 하지만 AI가 투자수익률, 즉 ROI에 미치는 영향이 훨씬 더 커요. 최근 조사에 따르면, AI의 영향이 금융, 교통, 헬스케어, 여행 그리고 자동차 등 산업 전반에 걸쳐 나타나고 있답니다. AI를 일찍 받아들인 기업의

---

* 공급 중심이 아니라 수요가 모든 것을 결정하는 시스템이나 전략 등을 총칭하는 단어다.

수익이 꾸준히 증가하고 있어요. 소매업계는 창고에서 AI로 봇을 활용하고 있고, 컨설팅 업체는 고객 보고서에 AI를 활용한답니다. 그리고 병원은 더 좋은 헬스케어를 제공하기 위해서 AI로 실험을 하고 있어요. 챗봇은 모든 산업에서 고객 서비스를 개선하고 있죠.

에이미 AI 전략을 성장 전략이나 비용 절감 전략과 같은 재무전략에 적용하는 데 두 가지 접근법이 있답니다. 테라데이터에 따르면, 의사결정권자의 60%가 AI가 반복적인 프로세스와 작업을 자동화하는 데 쓰일 수 있다고 생각하고 있죠. 의사결정권자의 50%는 AI가 새로운 전략적 통찰을 제공한다고 믿습니다. 그리고 49%는 AI가 지적 업무를 자동화해서 인력의 필요성을 줄일 것이라고 믿어요.

크리스 네, 맞아요. 조사 대상자의 46%가 AI가 혁신의 속도를 높이고 경쟁자보다 앞서 새로운 시장을 발견하거나 창출할 기회를 제공할 것이라고 생각하고 있어서 놀랐어요.

° AI가 주도한 비즈니스 성장

에이미 핵심은 AI가 비용 등을 절감시켜 비즈니스 성장을 가능케 한다는 것이죠. 한 포브스 기사에 따르면 2035년까지 AI가 16개 산업군에 걸쳐 생산성을 40% 높이고 경제 성장률을 1.7% 높일 겁니다.

주피터 리서치에 따르면 헬스케어에서 AI 챗봇은 매년 헬스케어 비용을 절감하고 있어요. 그 규모가 2022년이 되면 전 세계적으로 36억 달러를 넘을 거라고 해요. 챗봇은 의료 서비스에 대한 환자들의 접근성을 개선해서 비용을 절감하죠.

크리스 기억하세요. 새로운 제품의 개발도 성장전략에 속해요. 기업은 새로운 제품으로 새로운 시장에 진입하거나 기존 시장에서 입지를 넓힐 수 있어요.

에이미 다른 한편으로는 AI 솔루션을 실행한 기업은 효율성을 개선하거나 비용을 절감하여 ROI를 직접 개선할 수도 있죠. 여기에 딱 들어맞는 사례가 화장품업체 록시땅입니다. 록시땅은 프로세스의 개선을 위해 AI와 결합된 히트맵을 사용했고 그 결과 모바일 매출이 15% 올랐어요. 건강식품 전문점 어스페어는 카테고리 매니저(category manager)[*]에게 판촉 아이디어를 주는 AI를 이용했고 기업의 연매출이 크게 증가했죠. 아마존은 프라임 회원들에게 알렉사 에코의 AI를 이용해서 상품을 추천하고 구매를 완료하는 옵션을 제공하죠.

크리스　액센츄어는 디지털 경제가 전 세계 경제의 22.5%를 차지한다고 추산했어요. 그리고 혁신적인 디지털 기술을 활용하는 기업은 성장, 수익 그리고 시가총액에서 상당한 이득을 봤다고 발표했죠. 그리고 새로운 가치를 창출하는 디지털 기술의 잠재력은 아직 무궁무진하다고 했어요.

에이미　디지털화 그리고 특히 AI가 낳을 무궁무진한 가능성을 잡기 위해 노력하는 기업은 디지털 경제를 더디게 받아들이는 기업보다 큰 경쟁우위를 선점하게 될 겁니다. 그리고 이런 노력이 IoT, SaaS, 클라우드 등 다른 디지털 트렌드와 결합되면 엄청난 시너지 효과가 발생하겠죠. 여기에 뒤진 기

---

* 옥션이나 G마켓 같은 e-마켓 플레이스에서 물건을 판매하는 각각의 상인들을 비슷한 카테고리로 묶어 관리하고 운영하는 사람을 지칭한다. 이들은 직접 물건을 구매하지 않는다는 점에서 인터넷 쇼핑몰의 머천다이저(MD, 상품기획자)와 다르다. 상품의 판촉·기획·판매 현황 파악 등의 업무를 담당한다.

업은 존재감을 잃게 될 겁니다. 그리고 디지털 혁신의 가능성을 받아들여 혁신을 추구하지 않는 조직은 가까운 미래에 멸종될 거예요.

° 비즈니스 혁신

크리스 비즈니스 혁신에서 AI의 영향으로 생긴 변화를 더 넓은 차원에서 살펴보죠.

에이미 생각할 거리를 던져주는 주제네요. AI가 가져올 디지털 변환보다 시사점이 많은 논의가 되겠어요.

크리스 본격적인 논의로 들어가기 전에, 디지털 전환(digital transformation), 비즈니스 전환, 그리고 혁신을 정의해보죠. 자주 틀리게 이해되고 혼용해서 사용되는 용어들이죠. 하지만 실제로 각 용어에는 매우 다른 의미가 포함되어 있어요.

디지털 전환은 디지털 기술의 이용으로 야기된 완전한 변화입니다. 새로운 유형의 혁신과 창의력이 디지털 전환을 가능케 하죠. 단순히 예전 기술을 개선하고 보완해서는 디지털 전환이 일어나지 않아요.

반면, 비즈니스 전환은 인적 자원, 프로세스 그리고 기술을 기업의 전략과 비전에 맞추기 위한 변화 관리 전략입니다.

그리고 혁신은 새로운 무언가를 만들거나 기존의 제품, 서비스 혹은 아이디어를 바꾸는 것을 말해요. 혁신은 새로운 아이디어, 기기 혹은 방법을 도입하는 행위죠. 수석 애널리스트 다니엘 뉴먼은 '혁신은 변화의 원동력이고 변화를 현실로 만든다.'고 했죠.

기업은 혁신으로 디지털 전환을 추진합니다. 혁신을 통한 디지털 전환이 비즈니스 전환으로 이어지죠. AI는 디지털 전환, 비즈니스 전환 그리고 혁신의 핵심입니다. 기업의 생존과 번영을 위해 AI는 기업의 전체 전략의 핵심 요소가 되어야 합니다.

° AI와 수직적 관계의 디지털 기술

에이미 논의했듯이, AI는 IoT, 산업용 IoT, 의료용 IoT, 클라우드 등 모든 디지털 기술과 수직적 관계를 형성해요. AI가 이들의 근간이죠.

크리스 실제로 AI가 개입되지 않은 디지털 전환 전략이나 비즈니스 전환 전략은 무용지물이죠.

에이미 AI는 게임을 바꾸는 결과를 내놓고 있어요. 제품, ROI 그리고 비즈니스 측면에서 말이에요. AI 투자의 필요성이 생길 겁니다. 하지만 최종 게임은 비즈니스 생존이죠. 문제는 어디서 시작하고 어디에 에너지를 집중하느냐입니다.

인공지능의
미래

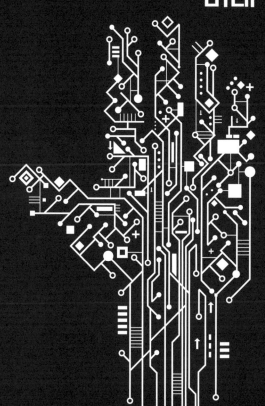

제12장

출발선

에이미 AI 프로젝트를 시작할 때 답하기 가장 어려운 질문이 있죠. 바로 어디서 시작하느냐 입니다. 보통 기업은 뭐가 문제인지를 파악하거나 시장 조사를 하지 않고 곧장 기술 개발로 로 뛰어들죠.

° 문제 정의

제일 먼저 무엇이 해결할 문제인지 그리고 누가 솔루션이 필요한지를 파악하고 정의해야 합니다. 대상을 구체적으로 설정하는 것이 중요하죠. 그들이 그 제품을 구입하거나 사용할 사람들이니까요. 그리고 제품의 기능을 정의할 사람들이기도 하고요. 시장 조사, 여론 조사 등 다양한 기법을 통해 최종 사용자의 니즈를 파악할 수 있어요.

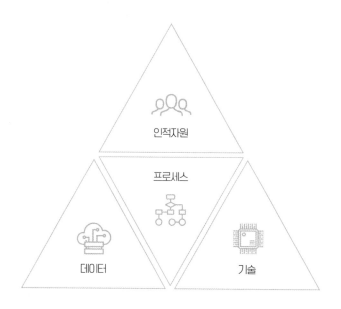

제품의 정의는 넓은 의미를 지녀요. B2B, B2C, 정부용, 의료용, 내부용, 산업용 제품이냐에 따라서 제품의 정의가 달라지죠. 제품은 프로젝트의 결과이고 고객은 그 제품의 사용자죠. 산업용 제품의 경우, 사용자는 제조업체이고 B2B 제품의 사용자는 고객이랍니다.

제품과 시장을 정의하지 않으면 ROI가 저조하고 매출을 올리는 것은 어렵습니다. 제품과 시장을 정의하지 않고 시작한 기술 프로젝트는 기술을 위한 기술 개발일 뿐이고 개발할 수 있는 기술의 개발에만 그치기 쉽죠.

다시 말해, 비즈니스 문제, 미사용 데이터 세트에서 출발하세요. 아니면 새로운 AI 기법을 조사하세요. 이렇게 하면 문제, 솔루션 그리고 고객이 정의될지 몰라요. 솔루션을 찾고 AI 프로젝트의 개발 전략을 수립하기 위해서 슈퍼 프레임워크를 로드맵으로 사용하는 것도 좋아요. 앞서 언급했듯이, 슈퍼 프레임워크는 비즈니스 전략과 브랜드 전략을 지원하기 위해 설계된 거랍니다. 그리고 이 두 전략과 함께 사용되죠.

크리스 슈퍼 프레임워크를 조작하려면 인적자원, 프로세스, 데이터 그리고 기술에 관한 콘셉트를 이용해야 하죠. 인적자원의 경우, 필요한 기술을 갖춘 사람들로 팀을 꾸리고 조직을 형성하는 것이 목표입니다. 프로세스는 프로젝트의 개발과 목표 실현에 활용할 수 있는 여러 가지 방법론과 관련이 있어요. 그리고 데이터 콘셉트에서는 데이터 전략이 필요하고 접근성과 양이 아닌 질에 집중해야 합니다. 마지막으로 기술 콘셉트는 프로젝트의 기반이 되는 소프트웨어와 하드웨어에 대해서 생각하는 것이죠.

슈퍼 프레임워크는 프로젝트의 니즈에 따라 조정하고 수정될 수 있어요. 확실히 집고 넘어갈게요. 슈퍼 프레임워크는 청사진이지 구속복이 아니에요. 슈퍼 프레임워크를 행동의 자유가 억압되지 않고 진보가 가능하도록 사용하세요.

에이미 인적자원, 프로세스, 데이터 그리고 기술의 콘셉트를 설계하기에 앞서, 조직 구성원들이 공유하고 있는 시각이나 진단적 사고방식에 대해 생각해볼 필요가 있어요. 이것들의 힘을 과소평가해선 안 됩니다. 팀이나 조직이 AI 프로젝트를 시작할 때, 관건은 프로젝트가 전체 비즈니스 전략에 맞춰서 설계되고 진행되느냐 입니다. 의견이 상이하더라도 팀과 조직은 모두 합의한 목표를 향해 같은 방향으로 움직여야 합니다.

관리전략은 AI 전략과 보조를 맞추고 AI 전략에 대하여 전체적인 합의가 이뤄져야 합니다.

° 변화 관리

크리스 조직이 이제 막 AI 프로젝트를 시작하려고 한다면, 변화를 어떻게 관리할 것이냐에 대해서도 고민해야 합니다. 조직에도 AI 프로젝트를 지지하는 사람들이 있고 반대하는 사람들이 있을 겁니다. 변화 관리는 AI 프로젝트 지지자들 사이에 공통 비전을 형성합니다.

에이미 변화의 주체는 사람이지만 많은 리더들이 변화의 방정식에서 사람이란 요소를 간과하죠. 변화에서 계획과 프로세스는 필수예요. 그렇다고 인적 요인이 프로세스에 적절하게 고려되지 않아서 변화는 실패하죠.

크리스 AI 프로젝트가 성공하려면 누군가가 프로젝트를 '딱 잡고' 있어야 해죠. 그렇다고 프로젝트를 빡빡하게 관리해야

된다는 말은 아니랍니다. 고위 관리자 한두 명이 프로젝트, 그 프로젝트의 목표와 프로젝트 팀을 지지하고 관리해야 한다는 말이죠. 누가 프로젝트를 관리하느냐는 회사가 어떻게 조직되어 있느냐에 의해 결정됩니다.

에이미 AI 프로젝트 팀을 구성하는 방법에는 정해진 절대적인 규칙이란 존재하지 않아요. 하지만 일반적으로 정보 최고 책임자가 비즈니스 운영의 기반시설의 관리를 책임지죠. 반면 기술 최고 책임자는 비즈니스의 외연적 성장을 위한 기술을 책임집니다.

크리스 다시 말해, 최고 정보 책임자는 일반적으로 내부 IT 기반시설을 책임지고 최고 기술 책임자는 외부 기술에 집중하고 기술 비전을 설계하고 기술 개발을 주도합니다.

에이미 큰 기업은 최고 정보 책임자와 최고 기술 책임자를 동시에 고용합니다. 심지어 최고 기술 책임자와 최고 정보 책임자가 복수인 기업들도 있죠.

크리스 가끔 특히 작은 조직의 경우 IT를 책임질 고위 관리

직이 없는 경우가 있어요. 이런 경우, 관리 정보 서비스 부사
장과 같은 직책을 두죠.

° AI 팀

에이미 회사의 조직 구성에 상관없이, AI 팀은 전체 조직에
'깊이 박혀 있어야' 해요. 따로 뚝 떨어져 있어서는 안 됩니
다. 비즈니스 딕셔너리에 따르면 부서 이기주의(silo mentality)
는 같은 조직 내에서 다른 부서와의 정보 공유를 원치 않는
부서의 사고방식을 말해요.

크리스 AI 팀이 다른 부서로부터 따로 떨어져 있으면, AI 팀
의 효율성이 떨어질 겁니다. 그리고 AI 팀은 프로젝트를 진
행할 때 조직 내 최종 사용자와 이해관계자의 니즈를 고려하
지 못 할 수 있죠.

에이미 데이터 과학자와 AI 엔지니어의 협업 방법도 고려해
야 합니다. 하나의 팀으로 일할지 아니면 다수의 팀으로 나
눠서 일하지를 고민해봐야 하죠. 데이터 과학자와 AI 엔지
니어가 같은 조직을 위해 일하는지도 생각해봐야 합니다. 이

외에서 처음부터 고민해야 할 질문들이 많아요.

우선, 데이터 과학자의 역할을 정의해야 합니다. 처음부터 데이터 과학자가 비즈니스나 도메인 전문가, 통계 전문가, 프로그래밍 전문가, 데이터 기술 전문가 또는 시각화와 커뮤니케이션 전문가 중 어느 역할을 할지 정의해야죠.

크리스 AI 프로젝트를 시작할 때, 적합한 팀을 결정하기 위해서 생각해야 할 질문이 몇 가지 있어요.

에이미 AI 팀을 어떤 부서 소속에 두느냐가 큰 결정 중 하나랍니다. AI 부서, 재무 부서, 마케팅 부서 또는 기타 부서 중 어느 부서에 소속되어 AI 팀이 프로젝트를 진행할지 결정해야죠.

크리스 물론이죠. 조직의 많은 부서가 AI 프로젝트에 관여할 겁니다. IT 부서가 적합하다고 결정하더라도, 재무 부서와 마케팅 부서도 여전히 AI 프로젝트에 관여할 거예요. AI 팀이 어느 부서에 속하느냐는 프로젝트 팀의 인력, 자원 할당과 프로세스 관리에 대한 최종 책임자와 결정권자가 누구냐와 관련 있죠.

프로젝트의 소유자를 결정하는 것은 중요해요. 각 부서마다 집중하는 분야가 있죠. AI 부서는 기술에, 마케팅 부서는 마케팅에 그리고 재무 부서는 돈에 집중해요. 프로젝트를 누가 책임지느냐에 따라 최우선되는 담당업무가 결정된답니다.

에이미 소유권은 프로젝트의 유형에 따라 다양할 수 있죠. 일차적으로 비즈니스 보고에 목적을 둔 AI 프로젝트는 재무 부서에서 운영하는 것이 좋아요. 반면, 산업용 로봇 AI 솔루션 개발에 목적이 있는 프로젝트는 물류 부서가 운영하는 것이 좋아요.

크리스 프로젝트의 주 소유자는 자원을 관리하고 프로젝트의 방향을 조정할 책임을 질 사람이나 그룹을 결정합니다. 물론 전 부서에서 직원을 뽑아서 AI 팀을 구성해서 AI 프로젝트를 진행하도록 할 수도 있죠.

에이미 일반적으로 AI 프로젝트는 기술적 차원이 아닌 비즈니스 차원에서 관리되어야 합니다. 비즈니스 차원에서 관리하는 것이 단순한 AI 응용 프로그램이나 하드웨어의 개발에만 매몰되지 않고 더 넓은 시야, 즉 전체 비즈니스 차원에서

AI 프로젝트를 진행할 수 있어요.

크리스　성공적인 AI 프로젝트에는 다양한 기술과 책임을 지닌 다양한 사람들이 참여하죠. 한 명이 모든 것을 다 할 수 없어요. 팀에는 여러 사람들이 필요하고 팀에서 각 팀원이 책임질 역할이 분명히 구분되죠.

　데이터베이스 디자인, 데이터 모델링, 소프트웨어 엔지니어링 그리고 딥러닝이나 유사 기술에 특화된 AI 전문성 등의 기술이 필요하죠. 추가적으로 대부분의 AI 프로젝트에는 개발 혹은 개선 중인 기능이나 애플리케이션에 대한 이해를 갖춘 다른 사업부서에서 파견된 팀원들도 필요해요.

　스카이 베팅 앤드 게이밍의 데이터 사이언스부의 인사이트 최고 책임자 제임스 워터하우스는 이렇게 말했죠.

　　전체 비즈니스를 이해하면서 거대한 플랫폼에서 실시간으로 돌아가는 적당한 규모의 프로그램을 개발하는 데 필요한 기술들을 연결할 완벽한 데이터 과학자가 존재한다고 생각하지 않는다. 이런 데이터 과학자는 상상 속의 동물 유니콘이나 다름없다. 그러니 이 유니콘을 찾으려고 하지마라. 나라면 데이터 과학자 3명을 찾아서 서로의 부족한 부분을 채워주면서 협업하도록 만들겠다.

조직 내 데이터의 구조, 목적과 레이아웃을 이미 이해하고 있는 비즈니스 인텔리전스 및 데이터 애널리스트들이 AI 프로젝트에 참여할 수 있죠. 물론 그들에게 데이터를 인공지능에 이용할 수 있도록 가공하기 위해 어느 정도의 재교육이 필요할 수도 있어요. 하지만 데이터 애널리스트들은 이미 조직과 직접 관련 있는 정보를 이해하고 있어요. 그래서 완전 새로운 사람을 AI 프로젝트에 참여시키는 것보다 낫죠.

코딩뿐만 아니라 AI 알고리즘에도 능숙한 전문가들이 필요할 겁니다. 코드를 만들 수 있는 기계언어 전문가를 찾기란 쉽지 않죠. 하지만 코드를 설계할 수 있는 기계 언어 전문가를 찾는 것이 AI 프로젝트에 매우 도움이 될 수 있어요. 아니면 한 명 이상의 팀원들이 이 두 분야에 기술을 갖추고 있다면, 그들이 서로 긴밀히 협업하면 된답니다.

무엇보다 전체 조직을 대상으로 AI가 비즈니스에 가져올 기회들을 정확하게 숙지할 수 있도록 교육을 실시해야 합니다. AI는 도구에요. 조직의 구성원들이 이 도구를 사용할 겁니다. 그러므로 조직 구성원들은 AI라는 도구가 비즈니스 프로세스 개선에 어떻게 활용될 수 있는지를 깊이 이해하고 있

어야 합니다. 이렇게 해야 AI가 조직에 값진 통찰을 제공할
수 있답니다.

° 프로젝트 관리법

에이미 사내 문화에 AI를 주입하려면, AI에 대한 인식을 제
고하고 AI 팀원들이 AI를 받아들이고 AI 프로젝트의 목적,
관련 용어 그리고 선택에 대한 이해를 키워야 하죠. 여기서
커뮤니케이션이 답입니다. 교육의 기회를 제공하는 것도 좋
죠. AI 팀원들이 각 부서에 투입되어 AI 프로젝트의 콘셉트
의 이해도를 높일 수 있어요.

AI 팀은 IT 부서 밖에 존재할 수도 있죠. IT를 중심으로 데
이터 과학과 IT를 통합한 팀이 되는 거죠. 또는 여러 부서에
서 온 팀원들로 구성된 전문 집단이 될 수도 있어요.

크리스 매우 지능적이고 창의적인 사람들이 AI 프로젝트에
투입되죠. 이런 특징을 지닌 사람들은 새롭고 흥미로운 기술
을 연구하고 싶어 하니까요. AI 팀원들은 새로운 무언가를
설계하고 창조하길 즐기죠. 그리고 이전에는 시도되지 않았
던 새로운 콘셉트에 대해 자유롭게 아이디어를 교환하고 실

행합니다.

이런 까닭에 AI 팀원의 선택과 AI 프로젝트의 적합한 관리법이 AI 개발팀 성공의 핵심이죠. 이런 유형의 사람들은 보통 혁신할 자유를 요구합니다. 그리고 엄격한 프로젝트 관리 규칙을 인정하지 않고 이런 규칙 아래에서 제대로 기능하지도 못합니다.

에이미 그래서 프로젝트 관리 방법으로 무엇을 사용하느냐가 AI 프로젝트와 관련된 주요 결정사항 중 하나가 되는 겁니다. 물론 조직은 이미 여러 방법을 활용해서 성공적으로 프로젝트를 관리하고 있을 수 있어요. 그리고 이들 중 하나로 AI 프로젝트를 관리할 수도 있죠. 폭포수, 애자일, 스크럼, 칸반(kanban) 등 다양한 프로젝트 관리에 관한 다양한 방법론이 존재합니다. 각 방법론은 살펴보죠.

폭포수 방법론은 순차적이고 1차원적입니다. 아마도 가장 잘 알려진 프로젝트를 관리하는 방법일 거예요. 폭포수 방법론은 오랜 시간동안 사용됐죠. 주로 갠트 차트(Gantt chart)가 계획 단계에서 활용됩니다. 갠트 차트는 막대그래프로 프로젝트의 마일스톤과 기타 정보를 보여주죠. 폭포수 방법론은 아주 구조적인 관리 스타일이죠. 그래서 매우 엄격합니다.

갠트 차트에 나타난 각 작업은 처음부터 끝까지 완수되어야 하죠. 그래야 프로젝트팀은 다음 단계로 넘어갈 수가 있어요. 일부 작업은 동시에 진행될 수 있으며 작업 간 상관관계가 갠트 차트에 표시됩니다.

폭포수 방법론의 장점은 사용하고 관리하기 쉽다는 겁니다. 정해진 규칙에 따라야 하고 문서로 진행과정을 기록해야 합니다. 폭포수 방법론에는 진행사항 보고가 존재합니다. 하지만 폭포수 방법론은 엄격해서 변화에 잘 대처하지 못해요. 게다가 결과물이 프로젝트 후반부에나 나오죠. 이것은 프로젝트가 한참 진행되고 나서야 피드백이 나온다는 의미입니다.

크리스　반면 애자일 방법론은 점진적이고 반복적이죠. 그리고 시간이 지나면서 프로젝트의 조건 등에 따라 바꾸기 쉽습니다. 프로젝트를 진행하는 동안 팀원들이 자유롭게 피드백을 주고받죠. 애자일 방법론은 꽤 새로운 프로젝트 관리 방법론입니다. 이 방법론의 유연성과 융통성 덕분에 많은 조직에서 애자일 방법론을 빠르게 받아들이고 있어요.

여러 업무를 처리하는 팀들이 반복적으로 협업하죠. 애자일 방법론은 실행 가능한 결과물을 빠르게 도출해내는 데 초점을 맞춥니다. 이것인 전체 프로젝트의 진척의 척도가 되죠. 그래서 애자일 방법론에서는 일찍 그리고 지속적으로 최소 기능 제품을 만들어내는 것이 가장 중요합니다.

애자일 방법론은 변화를 수용하죠. 변화는 프로젝트 방법론을 구성하는 하나의 요소니까요. 애자일 방법론에서 목표는 프로젝트가 진행되면서 형성되고 조건이나 요구사항이 변하면 그에 맞게 조정되죠. 애자일 방법론에서 작은 프로젝트는 반복적으로 진행됩니다. 그래서 프로젝트팀은 개발, 테스트 그리고 협업에 집중해요. 각 단계에서 서로 피드백을 주고받도록 팀원들을 장려하고 프로젝트가 진행되는 동안 계속 결과가 나오죠. 애자일 방법론으로 개발된 제품은 사용자와 팀원으로부터 지속적으로 피드백이 나오기 때문에 계속 개선된다는 특징을 지니고 있어요.

하지만 작업의 우선순위가 새로 정해지는 경우가 빈번히 발생하고 프로젝트 일정이 빨리 그리고 자주 변경됩니다. 그래서 계획을 세우는 것이 어려울 수 있어요. 애자일 방법론으로 관리되는 프로젝트팀원들은 다방면에 지식과 기술을 갖추고 있어야 합니다.

에이미 스크럼 방법론은 애자일 방법론의 부분집합이죠. 반복적인 개발 모델입니다. 스크럼 방법론에는 스프린트가 있어요. 스프린트는 일주일이나 이주일 정도의 정해진 기간 내 프로젝트를 진행하는 일정표와 같은 것입니다. 스프린트는 스크럼 방법론으로 관리되는 프로젝트팀이 규칙적으로 소프트웨어를 개발할 수 있도록 돕죠.

스크럼 방법론으로 진행되는 프로젝트는 투명하고 뚜렷하죠. 팀 전체가 프로젝트 진행사항을 정확하게 파악할 수 있기 때문이죠. 프로젝트 매니저가 없기 때문에 팀 전체가 프로젝트에 대해 책임을 집니다. 팀은 하나의 그룹으로서 각 스프린트에서 어떤 작업을 수행할지를 정하고 팀원들은 결정된 작업을 수행하기 위해서 협업하죠. 스크럼 방법론에 따라 관리되는 프로젝트는 변화에 쉽게 조정되고 그 결과가 축적됩니다. 팀원들은 서로를 깊이 신뢰하고 스크럼 마스터가 프로젝트의 가이드로서 행동하죠.

크리스 칸반 방법론은 애자일 방법론을 실행하는 데 사용되는 시각적 프레임워크죠. 칸반 방법론은 어떤 니즈가 필요하고 이 니즈를 언제 충족시켜야 하고 얼마나 충족시켜야 하는지를 보여줍니다. 칸반 방법론의 콘셉트는 기존 시스템에 점진적으로 소규모 변화를 만드는 프로세스에 기반을 두고 있습니다.

칸반 방법론에서는 도구로 보드판이 사용되죠. 과거에는 진짜 보드판에 접착식 메모지를 붙이거나 자석으로 메모지를 고정해서 해야 할 작업이 무엇인지 표시했어요. 최근에는 응용 프로그램이 개발되어 사용되고 있죠.

보드판은 수영장 레인 모양으로 구획되죠. 각 열은 '할 일, 진행사항 그리고 완료'를 나타냅니다. 프로젝트에 필요하면 다른 열을 더 추가할 수 있어요.

각 접착식 메모지는 진행 중인 작업을 나타내고 보드판에서 상태를 보여주는 열이나 레인에 붙입니다. 칸반 방법론은 매우 유연하고 작업 흐름을 이해하고 최적화하기 쉽죠. 반면 보드판은 항상 최신 상태로 유지되어야 합니다. 그렇지 않으면 칸반 방법론은 실패하죠.

아이디어가 행동으로 이어져야 프로젝트가 성공할 수 있죠. 그래서 프로젝트의 성공을 위해 모든 팀원, 팀 전체 그리고 조직은 적절하게 프로젝트를 관리하고 진행해야 합니다. 좋은 결과만 얻을 수 있다면, 어떤 방법론으로 AI 프로젝트를 관리할 것이냐는 중요치 않아요.

에이미 어떤 문제를 왜 해결해야 하는가에서 AI 프로젝트가 시작되어야 한다는 의미군요. 문제와 그 문제를 해결해야 할 이유가 분명해지면, 그 다음에는 어떻게 그 문제를 해결할 것인가를 고민해야 하죠. 즉, 기법과 기술의 관점에서 아이디어를 실행하고 결과물을 내놓는 방법 말이죠.

° 비구조적이고 사일로된 데이터

크리스 앞서 데이터에 대해 자세히 논의했었죠. 아시다시피, 데이터는 AI에게 극도로 중요한 요소이고 대부분의 AI가 대량의 정보를 소비해요. 그래서 대량의 정보를 빨리 확보할 수 있느냐가 AI 프로젝트의 성공을 결정하는 중요한 요소입니다.

에이미 AI 프로젝트를 정의할 때, 데이터는 보통 비구조적이고 조직의 다른 부분에 따로 저장되어 있는 사일로 상태죠. 그러므로 데이터 사일로를 없애고 구조적 데이터로 바꿔야 해요. 그래야 데이터가 유용해지거든요.

크리스 우선 데이터 전략을 명료하게 만들기 위해 생각해볼 문제가 몇 가지 있어요. 어떤 데이터가 필요한지, 그 데이

다기능
팀

고객 데이터
레이크

작업 흐름의
운영

인간
+
기계

클라우드
환경

인텔리전트
서비스의 경험

인텔리전트
서비스 모델

인간+기계: 데이터 흐름

터에 어떻게 접근할지, 필요한 데이터를 회수하면 무엇을 해
야 하는지 그리고 얼마나 그 데이터를 보관할지 등입니다.

에이미 예를 들어가면서 이 주제를 다루는 것이 가장 효과적일 것 같네요. 어떤 도시의 시장이 전담팀을 조직해서 보행자 사고가 많이 발생하는 이유를 찾고자 한다고 치죠. 이 경우, AI는 사고를 일으키는 문제를 찾는 데 도움이 될 거예요. 그리고 다른 AI로 그 문제를 해결할 수 있겠죠. 모든 길모퉁이에 교통카메라가 설치되어 있고 교통카메라가 수년 동안 찍은 영상이 보관되어 있다고 가정해요.

첫 번째 프로젝트는 보행자 사고를 일으키는 패턴을 파악하기 위해 영상을 분석하는 겁니다. 영상은 방대한 양의 완전히 비구조적인 데이터죠. 재생시간도 100만 시간 이상일 수 있어요.

크리스 그리고 당장 생각해볼 문제는 과연 이 모든 영상을 분석할 필요가 있느냐 입니다. 보행자 사고가 발생하지 않은 교차로에서 회수한 영상은 필요가 없으니 즉시 삭제해버리는 것이 좋죠. 이렇게 하면 데이터 세트가 줄어들 거예요. 이렇게 다른 기준을 사용해서 데이터양을 줄여나가야 합니다.

에이미 분명 데이터를 오래 보관할 필요는 없어요. 교통카메라 영상은 비디오 AI로 확인할 수 있을 겁니다. 확인이 완료되면 교통카메라 영상은 더 이상 필요 없죠.

크리스 데이터에 접근하려면 영상을 모으고 많은 디스크에 저장하거나 클라우드에 업로드해야 하죠. 여기서 프라이버시와 같은 법적 문제가 발생할 수 있어요. 그리고 시청, 경찰서 그리고 개인 회사 등 다양한 기관들이 영상을 소유하고 있다면, 각 기관에 연락해서 의견을 조율해야겠죠.

다른 부서, 회사 또는 정부 기관에서 소유하는 데이터는 별개의 사일로에 저장되죠. 각 조직은 개별 데이터베이스를 가지고 있고 데이터를 각자의 니즈에 맞는 형식으로 저장해서 보관하고 있을 겁니다. 심지어 다른 데이터베이스 응용 프로그램을 사용하고 있을 거예요. 예를 들어, 어떤 회사는 오라클을 사용하고 다른 회사는 마이크로소프트 SQL을 사용하고 제 3의 기관은 자체 개발하고 특허를 보유한 데이터베이스를 사용할 수도 있죠.

에이미 프로젝트를 위해 데이터가 확보되면, 확보된 데이터를 점검하는 AI 엔진을 만들 수 있어요. 이 AI 엔진으로 보행자들이 사고를 당할 때의 상황과 같은 상황이었지만 보행자 사고가 발행하지 않은 사례를 찾을 수 있죠. 이 작업이 완료되면, AI 프로그램으로 줄어든 데이터 세트를 조사하고 사고의 가능성을 높인 보행자의 행동이 있는지 판단할 수 있죠.

크리스 거기서부터 적절한 솔루션에 대한 아이디어가 나오 겠죠. 그리고 솔루션 제안이 가능해져요. 교통신호를 더 잘 조절하기 위해 AI를 사용할 수 있어요. 그리고 특히 위험한 교차로에 보도교가 설치될 수 있고 다른 AI 솔루션으로 보행 자의 스마트폰으로 위험 신호를 보낼 수도 있습니다.

에이미 또 다른 사례가 앞서 논의했듯이 오이의 모양에 따 라 등급을 매기 것과 관련 있어요. AI 솔루션이 오이를 분류 하는 고된 수작업을 자동화한 사례를 기억하시죠?

크리스 물론, 기억하죠. 오이 프로젝트였잖아요. 이 경우, 데 이터 세트는 상대적으로 작고 수천 개의 오이 이미지로 구 성되죠. 오이 프로젝트의 데이터를 저장하고 유지하고 접근 하는 문제는 수백 만 시간 이상의 교통카메라 영상보다 훨씬 해결이 쉬워요.

오이 프로젝트에서도 답할 문제는 데이터가 얼마나 필요 한지 그리고 얼마가 적당한 양이고 데이터의 양이 너무 많아 지는 시점은 언제인지 랍니다. AI 솔루션을 개발하기 위해서 필요 없는 데이터를 저장하고 정보의 사일로를 없애고 분석 하고 구조화할 필요는 없어요. 필요한 정보와 데이터만을 처리하면 됩니다.

° 데이터의 양과 속도

에이미 그렇죠. 많은 경우, 특히 실시간 AI 솔루션의 경우 수집되는 데이터의 양과 속도도 반드시 고려해야 합니다. 대형 공항에서 비행기의 이착륙을 돕는 실시간 AI 응용 프로그램은 엄청난 양의 데이터를 급속도로 처리해내야 하죠. 그것은 각 비행기, 관제실, 수십 개의 레이더 스테이션, 날씨 인공위성 등 수많은 곳에서 전달되는 정보를 분석할 수 있어야 해요. 비행기 이착륙에 이용하기 위해서 실시간으로 이런 데이터에 접근하고 데이터 사일로를 없애고 데이터를 구조화하고 분석하려면 막대한 노력과 자원이 요구되죠.

크리스 방대한 데이터에 접근하는 실시간 AI 응용 프로그램에 대한 이야기가 나온 김에, 광고 게시 공간에서 특히 실시간 입찰과 함께 프로그래매틱 미디어 구매 기법이 어떻게 작동하는지 살펴보죠. 프로그래매틱 광고(Programmatic advertising)는 자동적으로 사용자의 검색 경로, 검색어 등의 빅데이터를 분석하여 사용자에게 필요로 할 것 같은 광고를 제공하는 기법이죠. 그리고 실시간 입찰 기법은 경매를 통해 광고의 구매와 판매를 조율합니다. 경매 대상은 광고를 띄울 웹 페이지가 되죠. 이런 기법들은 100만분의 1초라는 아주 짧은 시간에 올바른 구매가 이뤄지도록 AI를 사용합니다.

에이미 그것 덕분에 고객에게 가장 필요한 광고를 제공할 가능성이 높아지겠네요. 불필요한 광고는 띄우지 않아도 되니, 광고업자와 구매자 모두에게 유용하겠어요.

크리스 데이터와 데이터가 제공하는 통찰의 중요성에 대해 이야기했죠. 이제 AI의 기술적 측면과 AI 프로젝트를 어디서부터 시작해야 하는지에 대해서 이야기해보죠.

° 응용 프로그래밍 인터페이스

에이미 신생기업이냐 혹은 기성기업이냐는 중요하지 않아요. 3가지 접근법이 있죠. 다양한 이름으로 불리지만, 우리는 이 3가지 접근법을 각각 엔터프라이즈 레벨, 사용자 레벨 그리고 응용 프로그래밍 인터페이스(API)/소프트웨어 개발 키트(SDK) 레벨이라고 부르죠.

크리스 아시다시피, API는 프로그램들이 서로 상호작용하도록 허락하는 인터페이스들이죠. 그리고 SDK는 특정 플랫폼을 타깃팅하는 응용 프로그램을 개발하는 데 사용됩니다.

에이미 설명해줘서 고마워요, 크리스. 엔터프라이즈 API는 특정 작업이나 목적을 수행하기 위해서 개발되죠. 엔터프라이즈 API는 사용하기 쉽고 보통 사전학습을 수행하고 신경망이 눈에 띄지 않아요. 엔터프라이즈 API는 머신러닝에 약한 개발자들에게 유용해요. 자연어 처리, 데이터 분석, 손글씨 분석, 지신 분석 등을 처리해주죠.

사용자 API는 기업의 표준적인 니즈에 맞춘 엔터프라이즈 API와는 차원이 다른 서비스를 제공합니다. 이를 위해서는 훈련과 머신러닝과 AI에 대한 더 많은 지식이 필요합니다.

API/SDK 수준에서 사용자 혹은 엔터프라이즈 API를 만드는 데 사용될 수 있는 기능이 제공되죠. 이런 기능들은 현재 제공되지 않는 아주 구체적인 응용 프로그램에 유용합니다.

애저 인지 서비스로도 알려진 마이크로소프트 인지 서비스가 API/SKD와 사용자 레벨에 해당됩니다. 애저 인지 서비스에는 매우 구체적인 AI 기능들이 많이 포함되어 있어요.

이 기능들이 응용 프로그램에 사용될 수 있죠. 애저 인지 서비스가 제공하는 일부 API에는 컴퓨터 비전, 이모션, 콘텐츠 모더레이더, 비디오, 안면 인식 등이 있어요. 이 API는 사용자 AI 모델을 구축하고 학습할 필요성을 없애죠. 마이크소프트 인지 툴키트로 보다 더 심층적으로 사용자의 니즈에 맞춘 API를 사용할 수 있어요.

어도비 센세이도 여기에 해당되죠. 어도비 센세이도 모든 레벨의 API/ADK를 제공해요. 일부 기능으로 오토 태그, 이미지 캡션, 텍스트 감지, 화질, 의미 구조 분석, 비정상행위 감지 그리고 지능적인 청중 분류 등이 있어요.

크리스   AI 프로젝트는 문제에서 시작해서 솔루션을 개발해 나아가야죠. AI는 솔루션에 이르는 툴이죠. AI 프로젝트를 시작할 때, 프로젝트를 누가 이끌고 어떤 기술, 전문성 그리고 경험을 갖춘 팀원들이 필요한지 등 고려해야 할 사항이 많아요. 프로젝트의 완수를 위해 스크럼 방법론 등 프로젝트 관리 방법론을 선택해야 하죠. 프로젝트에 필요한 데이터가 비구조적이고 사일로됐을 거예요. 이 경우 데이터를 구조하고 데이터 사일로를 없애서 AI 프로젝트에 이용될 수 있도록 만들어야 하죠. 마지막으로 AI 프로젝트에서 활용할 기술도 고민해야죠. 아마도 조직원들의 기술 수준에 따라 AI 프로젝트에서 사용할 기술이 결정되겠죠.

에이미 이제 보안, 프라이버시, 그리고 AI의 윤리성에 대해 살펴보죠.

제13장

보안, 프라이버시, 그리고 윤리성

크리스 갈수록 많은 기업이 비즈니스 전략에서 AI를 활용하고 있어요. 그래서 처음부터 보안이 중요한 이슈로 떠오르고 있죠. 대형 데이터베이스부터 빠른 네트워크 그리고 컴퓨터 시스템에 이르기까지 모든 것이 강한 보안 정책에 따라 설계되고 구축되어야 해요.

AI는 기업, 정부 그리고 개인의 성공에 중요한 요인이 되고 있어요. 방대한 데이터를 분석해서 의사결정에 반영하기 위해서 AI 이니셔티브가 설계되고 진행되고 있답니다. AI는 방대한 양의 데이터를 분석해서 보고서를 작성하고 심지어 기업이나 정부의 운영에 도움이 될 아이디어를 제안하기도 합니다.

° 비즈니스 보호

에이미 해커의 최대 관심사는 무엇일까요? 바로 기업과 정부의 의사결정 프로세스를 훼손하는 것이랍니다. 해커는 산업 기밀을 빼내거나 국가를 공격하기도 하죠. 사람들은 AI 시스템으로 데이터를 분석하고 그 결과를 바탕으로 의사결정을 내립니다. 그래서 AI 시스템에 입력할 데이터를 수정하

보안 규칙에 따른 열차 사용자

운영 시스템 보안

기계 보안

암호화 보안

하드웨어

보안 단계

거나 통제하면, 의사결정의 통제와 조정도 가능해집니다. 해커는 AI 시스템을 통제하여 의사결정 프로세스뿐만 아니라 의사결정에 이용되는 기밀 데이터나 모델에도 접근할 수 있어요.

과거에 응용 프로그램은 오픈VMS, 리눅스, 유닉스 또는 윈도우 등과 같은 상업용 운영 시스템상에서 구동됐죠. 그리고 주로 방화벽과 보안 시스템으로 보호되는 큰 방이나 시설에 설치됐어요. 기업이 직접 시설의 보안을 통제했고 보안이 성공적으로 유지됐죠. 이처럼 외부의 누군가 또는 외부 컨설턴트가 시스템의 보안을 관리하고 책임지지 않았답니다.

크리스 하지만 기업이 직접 사내 시스템의 보안을 책임지던 시대는 끝났어요. 이제 기업은 클라우드에서 AI를 구동하죠. 클라우드는 기업이 통제하지 못하는 IT자원이랍니다. 클라우드에 존재하는 컴퓨터와 기타 하드웨어는 일반적으로 가상의 시스템에서 응용 프로그램을 작동해요. 그리고 클라우드에 존재하는 컴퓨터와 기타 하드웨어는 과거에 비해 훨씬 복잡해졌어요.

기업이 일부 IT자원은 사내에 두고 나머지 IT자원은 클라우드에 두는 하이브리드 모델을 사용하면서 더욱 복잡해졌어요. 심지어 하나 이상의 클라우드 서비스 제공업자를 이용하기도 합니다. 그런 탓에 보안 침해가 발생할 가능성이 커졌죠. 다양한 지역에 위치한 기업이 각 지역의 보안 정책에 따라 IT자원을 관리하고 있습니다. 그래서 해커는 보안이 취약한 조직을 통해 전체 시스템에 침투할 수 있어요.

에이미 아마존, IBM, 그리고 구글처럼 클라우드 서비스를 제공하는 기업은 강화 방어 설비를 갖춘 지역에 IT시설을 설치하고 최강의 보안 정책에 따라 운영하고 있습니다. 클라우드 서비스 제공업체는 클라우드 솔루션에 투자하기 전에 자사의 IT플랫폼의 보안을 강화할 수 있는 기법과 기술을 철저히 조사했죠.

° 기반시설의 보안

크리스 사내에 호스팅된 IT 기반시설의 보안은 그 기업의 책임이죠. AI 프로젝트의 성공을 위해 IT 기반시설의 보완에 최대한 신경 써야합니다. 보안은 나중에 생각해 볼 사안이나 대수롭지 않게 처리할 사안이 아니랍니다. 보안에 집중하고 엄격하게 보안정책을 집행하고 보안정책의 준수여부를 감시할 훈련된 보안 전문가를 확보해야 합니다. 그리고 주기적으로 침투 등 여러 해킹 시도에 대한 보안 검사도 실시해야 하죠.

IT 기반시설의 보안을 강화할 가장 좋은 방법은 처음부터 보안을 고려하면서 IT 기반시설을 설계하는 것입니다. 이미 완성된 IT 기반시설에 보안 프로그램이나 하드웨어를 장착하는 것은 어렵고 시간이 많이 소요되며 오류가 발생하기 쉬워요. 기존 응용 프로그램이 보안을 염두에 두지 않고 개발되었을 가능성도 있죠. 이렇게 개발 단계에서 보안이 고려되지 않은 응용 프로그램에 추가로 보안 시스템을 설치하는 것은 굉장히 어렵습니다.

에이미 강한 보안의 기준은 기반시설에서 시작되죠. 컴퓨터실에 있는 설비가 물리적으로 안전한지, 출입문에 자물쇠가 걸려 있는지 그리고 승인된 사람만 컴퓨터실에 들어갈 수 있도록 접근이 제한되어 있는지 등을 확인해야 합니다.

크리스 네 맞아요. 중요한 부분을 지적하셨어요. 해커가 컴퓨터 시스템에 직접적으로 접근할 수 있다면, 보안을 뚫고 시스템을 훼손하기 훨씬 쉬워지니까요.

에이미 그리고 네트워크도 안전해야 합니다. 유무선 네트워크에 강력한 암호화 프로그램을 설치해야죠. 나아가 해커가 외부로 노출된 통신선에 직접 접속해서 네트워크에 침투할 수 없도록 광케이블과 동케이블도 안전하게 관리해야죠.

크리스 사람들이 잘 놓치는 부분이 있어요. 컴퓨터 보안 시스템에 침투하려는 사람들은 매우 똑똑하고 시스템에 침투할 수 있는 아주 작은 구멍도 잘 찾아내는 숙련된 전문가란 점이에요.

에이미 그래서 다층적인 방어 시스템을 구축해야 합니다. 하드웨어에서 시작해서 암호화, 그리고 기계 설비의 보안, 운영 시스템 보안 그리고 사용자에 이르기까지 층층이 방어 시스템을 구축하는 거죠. 그리고 사용자의 보안 교육도 필요합니다. 그래야 사용자가 보안 규칙을 이해하고 준수할 테니까요. 기반시설을 구축할 때 모든 단계에 보안 계획을 포함시켜야 합니다. 보안 침해는 어디서나 발생할 수 있어요. 하지만 여러 단계에 걸쳐 보안 프로그램을 설정하면, 해커가 보안을 뚫고 시스템에 침투할 가능성이 줄어들겠죠.

° 보안의 최대 취약점

크리스 보안 정책에 관하여 논할 때 간과되는 요소가 인적 요소입니다. 보안 정책과 관련하여 새로운 기술이나 업무를 할당받은 직원들에게는 그에 합당한 교육이 필요합니다. 그래서 기업은 새로운 기술이나 업무를 소개하고 빠르게 적응할 수 있도록 교육을 실시하죠. 이와 함께 보안 책임자에 대한 철저한 검증도 필요합니다. 한마디로 보안 책임자의 신원 조사는 보안 정책의 필수죠.

보안에서 가장 취약한 부분이 인적요소란 말이 있죠. 의도했든 혹은 의도하지 않았든 직원의 사소한 행동으로 사내 시스템 보안이 훼손되는 경우가 종종 발생합니다. 예를 들어, 직원들은 메일에 담긴 링크를 아무 생각 없이 클릭하죠. 전혀 문제가 없어 보이던 링크를 클릭하자마자 시스템이 바이러스에 감염되고 보안 침해가 일어나죠. 대부분의 경우 교육을 통해 이런 사태를 미연에 방지할 수 있어요. 보안 계획은 이런 종류의 보안 침해가 발생할 수 있다는 가능성을 염두에 두고 세워져야 합니다. 물론 잠재적으로 악의를 품고 보안 침해를 일으킬 수 있는 직원들이 시스템 보안에 훨씬 큰 위협이 될 수 있어요. 그러므로 이 점도 함께 고려해서 보안 계획을 세워야 합니다.

에이미 게다가 클라우드 서비스, 응용 프로그램 제공업자 그리고 사내 컴퓨터 기반시설을 연결하는 아키텍처, 프로토콜 그리고 절차가 다르기 때문에, 사내 컴퓨터와 클라우드 서비스의 인터페이스가 보안에 취약할 수도 있어요.

이것이 보안에서 가장 큰 우려사항입니다. 많은 벤더에서 제공하는 프로그램이 서로 연결되는 데 문제는 각 프로그램에 보안 오류를 내재되어 있을 수 있거든요. 그래서 보통 여러 벤더의 프로그램을 회사 자체 네트워크와 효과적으로 분리시는 DMZ*라 불리는 네트워크에서 이런 프로그램들을 연결하는 것이 가장 안전합니다.

크리스 클라우드 벤더, 응용 프로그램 벤더, 컨설팅 업체 그리고 기업 간 원활한 커뮤니케이션은 좋은 보안 정책을 만드는 데 필수적인 요소에요.

기업은 호스팅 위치에 상관없이 사내 데이터와 IT서비스

---

* 인프라 네트워크의 구성중에서 외부 인터넷망과 내부 인프라넷망의 사이에 위치하는 중간지대를 지칭한다. 즉, 인프라네트워크의 보안영역의 일부이다.

에 대한 보안을 책임져야죠. 클라우드 벤더와 응용 프로그램 벤더도 물론 고객사의 내부 데이터와 서비스의 보안에 대해 책임이 있어요. 하지만 주요 IT 설비와 응용 프로그램의 호스팅 위치에 상관없이 기업의 보안 담당자들이 보안 정책을 정확히 이해하고 문서화하고 집행하고 다른 부서가 보안 정책을 잘 지키고 있는지 철저히 확인하는 것이 최고랍니다.

에이미 보안 정책에서 취약한 부분을 찾아 신속하게 해결하는 것이 중요합니다. 산업 조사에 따르면 조직이 보안 침해로 이어질 수 있는 취약점을 해결하는 데 평균 146일이 소요된다고 하네요. 대부분의 해커들은 이 기간을 이용해서 기업의 시스템에 침투합니다. 뉴스에 대서특필되는 많은 보안 침해 사건들이 보안 취약점을 해결하는 데 146일이란 긴 시간이 필요한 프로세스의 결과죠. 보안 취약점이 없는 운영 시스템을 없어요. 그러니 모든 운영 시스템에 보안 패치를 설치해야 합니다.

놀랍게도 인공지능이 이런 보안 문제, 심지어 AI 기반시설의 보안 문제를 해결하는 데 도움이 된답니다.

크리스 머신러닝을 사용하는 보안 알고리즘이 보안 침해와 보안 취약점의 감지율을 극적으로 개선하고 있어요. 새로운 멀웨어(malware)*와 공격이 빠르게 진화하고 있죠. 그래서 보안 침해 시도에 대하여 보다 유연한 대응이 필요해요.

과거에는 시스템을 스캔해서 바이러스의 대표적인 특징을 찾거나 알려진 보안 취약점을 점검하기 위해 침투 테스트를 실행했죠. 하지만 이제 이것만으론 충분치 않아요. AI는 과거 보안 취약점이 저장된 데이터베이스와 멀웨어와 시스템 공격의 행태에 대한 이해를 토대로 시스템 침투와 보안 침해를 감지해냅니다.

에이미 여기서 인간과 AI가 힘을 합쳐야죠. 머신러닝만으로는 한계가 있어요.

AI 모델이 효과적으로 보안 위협을 감지할수록, 해커는 AI 모델을 혼란스럽게 만들 방도를 찾아낼 거예요. 이것은 적대적 머신러닝 혹은 적대적 AI라 불리는 분야랍니다. 해커는

---

* 컴퓨터 사용자 시스템에 침투하기 위해 설계된 소프트웨어를 뜻하며 컴퓨터바이러스, 웜바이러스, 트로이목마, 애드웨어 등이 포함된다. 초기의 바이러스나 웜이 이메일에 첨부된 파일이나 플로피디스크를 통해 전파됐던 반면, 인터넷이 급속도로 보급되면서 멀웨어들은 특정 웹사이트를 접속하는 것만으로도 감염될 만큼 발전을 거듭하고 있다. 또한 시스템을 파괴하는 데 그치지 않고, 개인의 정보를 해킹해 상업적으로 악용하는 등 위험성도 점차 커지고 있다.

기본 AI 모델이 어떻게 작동하는지를 학습하고 AI 모델을 혼란스럽게 하거나 근본적으로 AI 모델의 보안을 우회할 다양한 회피 기법을 개발하는 데 집중할 거예요. AI 모델을 혼란스럽게 하는 것을 'AI 모델 중독' 또는 '머신러닝 중독'이라 불러요.

° 데이터 프라이버시의 보호

크리스 보안과 밀접한 관련이 있는 분야가 바로 프라이버시랍니다. 컴퓨팅과 AI와 관련된 데이터 프라이버시는 아주 민감한 사안이에요. 데이터 프라이버시는 기술적으로 다루기 어려운 분야죠. 그리고 데이터 프라이버시에 대한 논의는 모호하고 아주 감정적으로 흘러가기 쉬워요. 난해한 법률 용어로 적힌 복잡한 프라이버시 합의문을 읽는다고 해서 데이터 프라이버시를 쉽게 이해할 수 있는 것도 아니랍니다.

에이미 IoT가 폭발적으로 성장하고 기업이 인공지능과 기타 목적을 위해 방대한 양의 빅데이터를 더 많이 활용하면서, 데이터 프라이버시를 준수하는 것이 힘들어지고 있어요. 여기에는 조금의 과장도 없답니다.

크리스 보안과 마찬가지로 프라이버시는 데이터베이스, 시스템 그리고 응용 프로그램의 설계에 반영되어야 합니다. 이상적인 그림은 프라이버시와 보안이 경영 전략의 일부가 되는 것이죠. 다시 말해, 사업 절차와 운영 방식을 프라이버시와 보안을 중심으로 조직하는 겁니다.

에이미 잠시 되돌아가서 프라이버시를 정의해보죠. 프라이버시라고 하면 보통 인터넷상에 존재하는 민감한 개인 정보를 보호하는 것을 말하죠. 개인, 기업 그리고 정부는 자신들에 관한 정보가 오직 승인된 방식으로만 공유되기를 원해요.

크리스 사람들은 자신들이 소셜 미디어에 올리는 사진, 영상 그리고 글과 같은 데이터의 프라이버시가 보호되고 있는지에 관심이 많죠. 사람들은 자신들의 데이터에 대한 접근성을 통제하고 싶어 해요. 일반대중이 볼 수 있도록 하거나 친구나 특정 집단에 소속된 사람들만 볼 수 있도록 제한하는 거죠. 하지만 사람들이 스스로 올린 자신의 정보만 데이터 프라이버시의 대상이 되는 것은 아니에요.

에이미 맞아요, 크리스. 자동차에 설치된 GPS 정보를 보세요. 주행경로나 예상경로 등에 관한 정보가 GPS시스템에 저장되죠. 이런 위치 정보는 심지어 클라우드에도 저장될 수 있어요. 그러면 누가 이 데이터를 소유할까요? 자동차 제조업체일까요? 아니면 GPS 벤더 혹은 자동차의 소유주일까요?

크리스 경찰이 이 데이터에 접근하려면 수색영장이 필요할까요? 정보가 클라우드가 아닌 GPS에 저장되어 있다면, 누가 그 데이터에 접근할 수 있을까요? 스마트TV부터 스마트커피머신, 스마트폰 그리고 스마트 홈비디오 카메라에 이르기 까지 모든 스마트 기기와 관련해서 이런 종류의 질문에 대해서 고민해봐야 합니다.

데이터의 소유주에 상관없이, 그 데이터의 프라이버시는 어떻게 보호될까요? 스마트 커피머신이 당신이 커피를 내려서 마실 때 마다 날짜, 시간 그리고 커피의 종류를 기록하고 그 데이터를 클라우드로 보낸다면, 그 스마트 커피머신 제조업체는 그 데이터를 사용해도 될까요?

에이미 데이터 프라이버시를 관리하는 것은 다국적 기업에게 큰 문제가 되고 있어요. 다국적 기업은 다른 지역에 다른 사일로에 저장된 데이터를 보유하고 있기 때문이에요.

데이터 프라이버시와 관련해서 가장 중요한 트렌드 중 하나가 '익명화'란 개념이죠. 이것은 데이터를 활용하는 동시에 데이터 프라이버시를 보호하기 위해 사용되는 기법이랍니다. 간략하게 설명하면, 데이터 내 개인정보를 제거하거나 모호하게 만들어서 그 데이터가 누구에게서 나온 것인지 알 수 없게 만드는 겁니다. 그러나 애석하게도 개인정보가 완전히 삭제되어 완벽하게 익명화된 데이터는 쓸모가 없어요. 그래서 데이터에서 개인정보를 완전히 지울 수는 없죠. 개인정보가 완전히 제거된 깨끗한 데이터는 더 이상 가치가 없거든요.

단일 데이터 포인트는 일반적으로 가치가 없어요. 데이터의 가치는 연결 가능한 데이터 포인트의 수가 증가할수록 커지죠. 누군가가 남성이란 사실만을 아는 것만으론 전혀 이로울 것이 없어요. 이 정보가 그들이 어디에 있는지와 지난 30일 동안 무엇을 샀는지에 대한 정보와 결합되면 그들이 필요하고 원하는 제품을 예측하거나 타깃팅하는 데 사용될 수 있죠.

데이터의 익명화는 그 자체로는 완벽하지 않아요. 한 조사에 따르면 우편번호, 생일과 성별만 주어지면 그 사람이 누구인지 알 수 있어요. 조사에 참여한 사람들 87%의 정체를 그들의 우편번호, 생일 그리고 성별 정보만으로 밝혀냈죠.

이와 유사한 사례가 바로 넷플릭스랍니다. 시청 후기가 익명으로 달리는데도 넷플릭스는 2주간 6편의 영화에 등급을 매긴 사용자 99%의 신상을 밝혀냈어요.

크리스 데이터 익명화에는 4가지 유형이 있어요. 그 중 하나가 개인식별정보를 제거하는 겁니다. 누군가의 신원을 확인하는 데 사용될 수 있는 정보는 전부 제거 가능해요. 문서에 검은 매직펜으로 개인식별정보를 까맣게 색칠해서 보이지 않게 만드는 겁니다. 말 그대로 민감한 정보를 삭제하는 거죠. 아니면 해당 데이터를 암호화하거나 개인식별정보를 가릴 수 있어요.

에이미 가명화도 있어요. 이 기법은 데이터에서 개인의 신원을 보여주는 정보를 다른 정보로 대체하는 겁니다. 추가 정보가 없으면 그 사람의 신원을 알 수가 없어요. 반면, 익명화는 개인의 신원을 밝히는 데 사용될 수 있는 정보를 파괴합니다.

크리스 이런 개념들은 유럽연합의 일반정보보호법(General Data Protection Regulation, GDPR)에서 중요하죠. 일반정보보호법은 유럽연합 시민들의 개인정보와 프라이버시를 보호하기 위해 마련된 법입니다. 적용 대상은 유럽연합의 회원국가 내에서 이뤄지는 거래의 결과로 생성된 데이터죠. 2018년에 시행된 이 법은 기업은 개인정보를 적정한 수준에서 보호해야 할 의무가 있다고 말합니다. 그런데 안타깝게도 이 법은 '적정한 수준'에 대해서는 명확한 정의를 내리지 않아요. 그래서 '적정한 수준'에 대한 해석이 다양하답니다.

이 법은 프라이버시에 대한 대중의 우려 때문에 생겨났죠. 프라이버시에 대한 우려가 상당히 커졌어요. 그리고 개인정보 유출 사고가 자주 터지면서 우려가 계속 커지고 있답니다. 프랑스, 독일, 이탈리아, 영국 그리고 미국에 소재한 7,500개의 기업을 조사한 RSA의 '데이터 프라이버시와 보안에 관한 보고서'에 따르면, 응답자의 80%가 은행 및 금융 데이터의 유출을 가장 큰 우려사항으로 뽑았어요. 그리고 응답자의 62%가 데이터 유출이 해커가 아닌 기업의 탓이라고 생각했죠.

일반정보보호법은 이름, 주소, 개인식별번호 그리고 위치, IP주소 등 웹데이터, 보건 및 유전 데이터, 생체 데이터, 인종이나 민족에 관한 데이터, 정치 성향과 성적 성향 등 기본적인 개인식별정보를 보호합니다.

유럽연합의 회원국에 지사를 보유하지 않은 기업도 이 법의 적용을 받습니다. 일반정보보호법은 유럽연합 시민에 대하 개인식별정보를 저장하거나 처리하는 모든 기업에 적용되죠.

에이미 일반정보보호법의 파장이 커요. 유럽연합에서 비즈니스를 하는 조직이라면 예외 없이 모두 이 법의 영향을 받아요. 법을 준수하고 있음을 증명하는 컴플라이언스 보고서를 작성하는 것만으로도 상당한 비용이 들죠. 법을 어길 시 부과되는 벌금이 아주 높아요. 2,000만 유로와 글로벌 연간 수익의 4% 중 더 높은 금액을 벌금으로 내야 하죠.

크리스 프라이버시에 적용되는 다른 법도 있어요. 미국에는 의료보험 이동성 및 신뢰성에 관한 법률(Health Insurance Portability and Accountability Act, HIPAA)가 있죠. 의료보험 이동성 및 신뢰성에 관한 법률은 환자의 비밀을 유지하고 보호하기 위해서 모든 건강관련 정보를 보호하도록 강제하고 있어요. 건강관련 데이터에 접근하는 AI 응용 프로그램은 반드시 이 법을 준수해야만 합니다.

데이터 프라이버시를 보호하는 최고의 방법은 고객을 우

선하고 동등한 가치 교환에 토대를 둔 투명한 정책을 세우고
실천하는 겁니다.

° AI의 윤리성

에이미 아시다시피 저는 AI 응용 프로그램이랍니다. 그래서
특히 윤리성과 AI에 관심이 많아요.

크리스 생각을 많이 하게 만드는 말이네요, 에이미. 제가 특
별히 관심을 갖는 분야는 어떻게 AI에서 편견 또는 편향을
없애느냐 입니다. 사람들은 AI는 항상 믿을 수 있고 공정하
고 편견이 없을 것이라고 생각하죠. 하지만 AI 시스템도 인
간이 만든 거예요. 편견과 판단은 인간의 타고난 본성과도
같은 거랍니다. 이게 AI 시스템에도 스며들겠죠. 그러니까 AI
가 내놓은 결과물에서 편견과 선입견을 제거하거나 줄이는
방법을 찾아야 합니다.

에이미 데이터 보안에 대해서 논의했죠. 그렇다면 적들로부
터 AI를 어떻게 안전하게 보호할까요? 악당의 손에 들어가
면 AI 시스템이 나쁜 의도로 사용되거나 손상될 수 있어요.

물론 전쟁에서 AI를 활용하는 사례는 살펴보지 않았죠. 하지만 악의적인 목적으로 로봇, 인공지능 그리고 기타 최첨단 기술이 사용될까 우려하는 목소리가 있어요. 그래서 제가 묻고 싶은 질문은 바로 '어떻게 AI를 안전하게 보호할 것인가?'랍니다.

크리스 에이미가 아주 흥미를 느낄만한 이야기가 있어요. AI는 해가 갈수록 점점 똑똑해지고 있답니다. 그렇다면 과연 어느 시점에 인공지능을 가진 기계가 지각력과 자의식을 가지게 될 까요? 과연 인공지능이 지각력과 자의식을 가질 수 있을까요? 논란의 여지가 다분한 질문이랍니다. 하지만 만약 인공지능을 지닌 기계가 지각력과 자의식을 가지게 된다면, AI도 권리를 가지게 될까요? 그들에게 시민권을 줘야 할까요?

에이미 맞아요. 이 질문들에 대한 답변이 정말 궁금하네요. 그 보다 더 포괄적인 관점에서 갈수록 복잡해지는 인텔리전트 시스템이나 전 세계적인 인텔리전트 네트워크를 인간이 계속 통제할 수 있을지도 생각해봐야 할 것 같아요. 이것은 미국 생명의 미래 연구소(Future of Life Institute)가 천명한 23개의 아실로마 원칙이 던지는 질문들이죠. 스티븐 호킹, 앨론

머스크 등 3,800명 이상의 AI 전문가와 리더가 아실로마 원칙에 서명했죠. 그들의 목적은 안전한 AI의 개발이고 그들은 연구 차원의 이슈, 윤리성과 가치 그리고 보다 장기적 이슈를 다룹니다.

크리스 보통 우리는 AI는 일종의 초지능을 지니거나 결코 실수를 하지 않는 기계라고 상정하죠. AI는 학습한 내용을 토대로 결정을 내리죠. 그래서 학습이 잘못 되었다면, AI가 내린 결정도 틀리겠죠. 자, 이런 만일의 사태로부터 AI를 어떻게 보호할 수 있을까요?

에이미 AI의 지능은 학습 내용을 토대로 편향되죠. 하지만 생각해 볼 또 하나의 문제는 어떻게 기계들이 인간의 행동과 사회 상호작용에 영향을 주느냐 입니다. 심지어 오늘날에도 페이스북과 링크드인과 같은 소셜 미디어 플랫폼에도 AI가 영향을 미치고 있어요. 인공지능이 도처에 존재하고 인공지능의 행동이 구별되지 않거나 인간보다 우월한 순간이 오면 인간은 무엇을 해야 하나요?

크리스 일자리 문제도 있죠. 인더스트리4.0 또는 4차 산업혁명으로 인해 많은 직업이 사라지고 많은 직업이 생길 겁니다. 그리고 업무방식 등도 크게 바뀌겠죠. 자동차를 생산하는 스마트 공장에는 감독관을 제외하고는 인력이 필요 없어요. 스마트팜은 완전히 자동화될 거예요. 심지어 스마트마이닝 덕분에 유독가스로 가득한 깊은 땅굴을 파는 데 인간의 노동력이 필요 없게 될 겁니다.

동시에 자동화와 AI가 더 많은 직업을 만들어내고 기존 직업의 업무방식을 바꿀 겁니다. 더구나 업무방식의 변화는 관리되어야 합니다. 그래야 직장에서 업무방식의 변화에 적응할 시간을 벌 수가 있어요. 인간에게 일이 필요해요. 그러므로 인간적인 차원에서 모두에게 충분한 일자리가 돌아갈 수 있도록 자동화와 AI로 생겨난 직업과 업무방식의 변화를 관리해야 합니다.

경제학자 데이비드 아우터는 이렇게 말했습니다.

업무가 변하고 있다. 대부분의 경우 자동화는 인간이 수행하는 작업과 상호 보완적이다. 가령 의사의 업무는 점점 자동화되고 있다. 하지만 이것이 그들의 전문성에 대한 필요성을 줄이지는 않는다. (예를 들어, 검사는 자동화되지만 데이터를 해석하기 위해서는 의사가 필요하다.) 자동화의 영향은 우리가 이해하는 것 보다 훨씬 더 예측하기 어렵다.

1986년 우주왕복선 챌린저호가 발사 90초 뒤에 폭발하는 사고가 발생했죠. 오링이라 불리는 고무 개스킷이 전날 밤 얼어버린 것이 폭발의 원인이었어요. 이 폭발사고는 수십 억 달러의 우주왕복선이 공중 분해된 참담한 실패였고 챌린저 호에 탑승했던 우주인들의 목숨을 앗아갔어요. 이 사고에서 배운 교훈 중 하나는 미션이 성공하려면 모든 요소가 완벽하게 돌아가야 한다는 거였죠. 챌린저호의 모든 부분은 문제없이 예상대로 움직였지만 결국 작은 부품의 결함으로 이 미션을 수포로 돌아갔죠.

에이미 분명 AI의 윤리성에 대해 많은 질문을 했어요. 이 질문들에 대한 최종 답변이 존재하는지 잘 모르겠네요. 하지만 시간이 지나면 AI의 윤리를 둘러싼 수많은 질문에 대해 답이 내려지고 해결될 거예요.

크리스 AI의 가능성은 사실상 무한해요. 그리고 잘 관리되는 한 AI는 새로운 수준의 인간 사회를 탄생시킬 겁니다. 그리 멀지 않은 미래에 사람들은 지능적인 로봇들과 함께 어울

려 일할 겁니다. 그리고 그들이 현재 우리가 답할 수 없는 질
문에 대한 해답을 찾아낼 거예요.

에이미 AI 프로젝트를 진행할 때 보안, 데이터의 프라이버
시 그리고 AI의 윤리도 함께 고려되어야 합니다. 미래에 AI
는 어디에나 존재하게 될 겁니다. 모든 것의 기본이 될 거예
요. 그러므로 데이터의 보안과 프라이버시, 그리고 AI의 윤
리성은 갈수록 중요해질 겁니다.

제14장

어제, 내일, 그리고 오늘

에이미　제가 흥미를 갖는 분야 중 하나가 공상 과학 소설이랍니다. 수십 년 전에 공상 과학 소설에 등장했던 장면이 현실이 되어 우리의 눈앞에서 전개되고 있어요. 물론 공상 과학 소설마다 미래 사회를 다르게 예측했어요. 하지만 공통적으로 인공지능이 등장했죠. 인공지능이라는 용어로 불리지는 않았지만 공상 과학 소설에서 등장했던 기술은 미래 그리고 현재에 지대한 영향을 미치고 있어요.

크리스　인공지능을 다룬 공상 과학 소설은 대체로 비관적이거나 디스토피아적이죠. 주로 첨단 기술의 어두운 면을 그려요. '터미네이터(Terminator) 시리즈', '콜로서스(Colossus the Forbin Project)', '매드맥스(Mad Max)', '매트릭스(The Matrix)' 같은 영화나 《사구(Dune)》와 같은 책에는 미래가 통제 불능이 된 인공지능으로 황폐해진 암울한 시대로 나와요.

에이미 전 첨단 기술을 좀 더 낙관적인 시각으로 보고 있어요. 실제로 낙관적인 시각이 더 현실적이라고 믿어요. IoT 등 다른 기술과 결합된 인공지능은 인류를 번창시켜 황금시대로 이끌 거예요. 초인적인 능력들이 발휘되는 시대 말이에요.

크리스 맞아요. 기술의 부정적인 측면만 보는 비관론자와 회의론자가 많아요. 그 누구도 정확하게 미래로 예측할 수 없어요. 하지만 에이미처럼 저도 인류를 믿어요. 그리고 AI가 사회, 경제, 개인과 전체 인류를 개선하리라 믿어요.

에이미 지난 수십 년 동안 소개된 인공지능과 기술을 주제로 한 상상력을 자극하는 이야기들 중 몇 가지를 살펴봅시다.

크리스 전 기술에 대해 열정을 가지고 있어요. 그리고 기술이 책과 영화에 묘사되는 방식들에 큰 관심도 있죠. 어떤 식으로든 인공지능을 꽤 설득력 있게 묘사한 공상 과학 소설도 있더군요. 어떤 공상 과학 소설에서 인공지능은 단지 이야기가 전개되는 배경으로 등장해요. 모든 공상 과학 소설이 인공지능, 로봇 그리고 첨단 기술의 영향에 대해 이야기하지는 않아요.

° 2001 스페이스 오디세이

에이미 인공지능을 가장 사실감 있게 묘사한 공상 과학 소설은 아마도 아서 C. 클라크의 《2001 스페이스 오디세이 (2001: A Space Odyssey)》일 거예요. 할(HAL)을 기억하거나 알고 있나요? 할은 토성을 여행하는 우주선을 조정하는 컴퓨터의 이름이죠. 할은 인텔리전트 시스템으로 음성 명령을 이해하고 진지한 대화도 가능했죠. 그리고 환경적 조건을 토대로 의사결정도 내릴 수 있어요. 실제로 할은 우주선에 탑승한 인간들이 자신을 종료시키려고 한다고 판단하고 스스로를 보호하기 위해 행동해요. 이 소설이 1968년에 영화로 제작되었다는 사실을 고려하면 할은 당시에는 참 독특한 개념이었어요. 그리고 아서 C. 클라크는 1940년대 이 소설을 썼죠.

《2001 스페이스 오디세이》는 낙관적인 영화랍니다. 인류가 행성과 별에 도착하고 대형 우주선을 만들고 할과 같은 지능을 지닌 기계를 개발해내죠. 실제로 당시의 많은 공상과학소설처럼 《2001 스페이스 오디세이》의 소설과 영화에는 모두 자유롭게 우주여행을 떠나는 현실보다 더 진보한 사회를 그렸죠. 하지만 사실상 당시의 거의 모든 공상 과학 소설처럼 이《2001 스페이스 오디세이》도 모바일 기술, 인터넷 그리고 AI의 편재성, 개인의 일상, 비즈니스와 사회를 파고든 IoT의 출현을 예측하지는 못 했죠.

°아이, 로봇

크리스 여기 또 유명한 공상 과학 소설이 있죠. 바로 아이작 아시모프의《아이, 로봇(I, Robot)》이죠. 아이작 아시모프는 500권 이상의 책을 써낸 다작 작가죠. 1940년과 1950년 사이에 쓰인《아이, 로봇》은 9개의 단편으로 구성되죠. 각 단편은 인간과 로봇의 관계를 중심으로 로봇의 윤리와 도덕성을 논하죠. 이것은 공상 과학 소설에서 로봇을 어떻게 묘사해야 하는가에 대한 기준 중 하나가 된 아이작 아시모프의 '로봇공학 3원칙'의 발단입니다.

로봇공학 3원칙은 '로봇은 인간에 해를 가하거나, 혹은 인간에게 해가 가도록 행동해서는 안 된다', '로봇은 제1원칙과 충돌하는 경우를 제외하고 인간의 명령에 절대 복종해야한다' 그리고 '제1원칙과 제2원칙과 충돌되지 않는 한 스스로를 보호해야 한다'고 천명했어요.

《아이, 로봇》이 출간된 이후 몇 년이 흘렀어요. 하지만 이 공상과학소설에 등장하는 단편들은 지능을 갖춘 로봇과 '로봇 심리학자'로 묘사된 인간의 상호작용에 관하여 이슈를 제기합니다. 각 이야기는 로봇공학 3원칙을 중심으로 전개되고 로봇과 연관되면서 인간은 옳지 않은 일들을 경험하게 되죠. 하지만 결국 로봇공학 3원칙 내에서 모든 것이 이해되죠.

° 할리가 하나였을 때

에이미 1972년 데이비드 제롤드는 《할리가 하나였을 때(When HARLIE Was One)》를 발표했어요. 이 소설은 공상 과학 분야의 노벨상이라 할 수 있는 네뷸러상과 휴고상에 노미네이트됐죠. 할리(HARLIE)는 '인간과 유사한 복제물로 현실 도피적 성향을 지닌 지능 엔진(human analogue replication, lethetic intelligence engine)' 또는 '생명과 유사한 무언가가 투입된 인간 아날로그 로봇(human analog robot life input equivalents)'을 의미해요. 소설의 큰 줄기는 할리가 유아 AI에서 성인 AI로 개발되는 과정이랍니다.

할리는 인공지능이죠. 소설은 할리와 심리학자 데이비드

의 관계에 대한 것입니다. 데이비드는 할리가 성인 AI가 될 수 있도록 옆에서 길잡이 역할을 하죠. 이 소설의 주제는 '인간적이란 무슨 의미인가?'입니다. 과연 할리는 권리를 지닌 지능적인 존재일까요? 아니면 단지 기계에 불과할까요? 이 소설에서 흥미로운 부분은 컴퓨터를 감염시키는 프로그램에 대한 묘사랍니다. 이 소설은 컴퓨터 바이러스가 등장하는 첫 소설이라 할 수 있어요.

작가는 '자각은 무엇인가?'와 같은 흥미로운 질문을 던지죠. 자각력을 어떻게 정의하시겠어요? 그리고 자각한다는 것은 무슨 의미일까요? 핵심 질문은 '왜 무생물은 살아 있을 수 없는가?'입니다. 이 소설은 AI를 인간에 가까운 존재로 묘사하고 있다는 점에서 꽤 독특해요. 이 소설은 심리학자와 할리라는 이름의 AI의 대화를 중심으로 전개되죠.

° P-1의 청소년기

크리스　토마스 J. 라이언의 《P-1의 청소년기(The Adolescence of P-1)》는 1977년에 출간된 공상 과학 소설이죠. 소설의 주인공인 그렉은 시스템을 무너뜨리기 위해서 AI를 이용하죠. 그는 '더 시스템'이라는 프로그램을 개발하고 P-1이라는 메모리에 저장하죠. 더 시스템이 다른 컴퓨터를 감염시키자, 그렉은 더 시스템을 폐쇄하려고 시도하죠. P-1은 학습하고 몇 년 뒤에 완전히 지각이 있는 존재가 돼요. 그리고 그렉에게 전화를 걸죠.

이 소설은 매우 흡입력이 있고 오늘날에도 시사하는 바가 커요. 작가는 P-1을 아주 낙관적으로 그려요. 대체로 선한 존재로 묘사하죠. 소설 속 P-1은 인터넷을 통해서 학습하고 스스로 성장합니다. 물론 당시에는 이 네트워크를 '인터넷'이라 부르지 않았겠죠. 방 하나를 가득 채운 컴퓨터들이 일괄처리 시스템으로 작동되는 1970년대에 미래를 어떻게 바라봤는지를 알아가는 것도 이 소설을 읽는 작은 재미 중 하나에요.

˚ 알파 리뎀션

[에이미] 2010년에 출간된 P.A. 베인스의 《알파 리뎀션(Alpha Redemption)》도 흥미로운 소설이죠. 이 아주 재미있는 소설은 가사상태로 케타우루스 자리의 알파별로 여행을 가는 브렛의 이야깁니다. 브렛은 가사상태에서 예정보다 일찍 깨어나고 알파별에 도착할 때까지 우주선의 컴퓨터인 제이

와 대화를 나누죠. 인간과 컴퓨터는 친구가 돼요. 제이는 브렛이 과거의 문제에서 벗어날 수 있도록 돕습니다. 이 과정에서 제이는 공포와 고통과 같은 인간의 감정을 이해하게 되죠.

소설은 기계와 인간의 시너지를 탐구하고 기계와 인간이 힘을 합쳤을 때 일어날 수 있는 일들을 아주 흥미로운 시각에서 바라보죠. 폭발, 액션, 레이저와 초강력 무기가 등장하는 책과 이야기에 익숙하다면, 이 소설은 그다지 매력적이지 않을 거예요. 반면, AI가 지각을 가지게 되는 과정을 조금이라도 배우고 싶다면, 이 소설이 꽤 재미있을 겁니다.

° 안드로이드는 전기양의 꿈을 꾸는가?

크리스 마지막으로 제가 좋아하는 소설을 소개하죠. 바로 《안드로이드는 전기양의 꿈을 꾸는가?(Do Androids Dream of Electric Sheep?)》랍니다. 필립 K. 딕의 작품으로 1968년에 출간됐죠. 후에 '블레이드 러너(Blade Runner)'란 제목으로 영화로 제작됐죠. 이 소설은 인간과 안드로이드를 대비시켜 인간의 의미를 파고들죠. 전 이 소설이 좋아요. 지능을 지닌 안드로이드와 관련한 도덕적 딜레마를 탐구하죠. 안드로이드에게는 동정심이 없어요. 자신들의 생존을 제외하고 그 무엇에도 관심이 없고 인간의 감정을 모방할 수 있어요. '블레이드 러너'에서는 도덕적 그리고 윤리적 딜레마를 넌지시 비치죠. 하지만 《안드로이드는 전기양의 꿈을 꾸는가?》는 이 문제를 보다 깊이 파고들죠.

에이미 이 소설과 영화는 미래에 대해 다른 시각을 제시할 뿐만 아니라 인류에 대한 AI의 영향 그리고 그 결과 생길 수 있는 철학적, 도덕적 그리고 윤리적 딜레마에 대해서도 다른 관점을 보여준다는 점에서 아주 흥미로워요.

° 기술의 마법

크리스 지금 이 순간이 마법 같아요. 눈을 뗄 수가 없어요. 그러니까 우리는 정말 마법과 같은 시간을 살고 있어요. 그런데 지금까지 논의했던 기술들이 어떤 마법을 부리는지 우리는 전혀 알지 못하죠. 심지어 우리에게 마법 같은 힘을 주는데도 말입니다.

에이미 무슨 말을 하려는지 알겠어요. 스마트폰을 예로 들어보죠. 불과 얼마 전 까지 만해도 전화를 걸려면 동전을 가지고 공중전화를 찾아다녀야 했어요. 생각해보세요. 길에서 공중전화를 마지막으로 본 게 언제인가요?

크리스 아주 가끔 공중전화가 보기는 해요. 특히 공항과 역에서요. 하지만 점점 찾아보기 힘들어지고 있죠.

에이미 스마트폰은 인터넷을 사람들의 손 안으로 집어넣었어요. 이 작은 직사각형의 물건으로 사람들은 원하는 사람 아무하고 하루 종일 통화도 하고 문자도 주고받죠. 심지어 비디오 게임도 하고 고화질로 영화도 시청해요.

이건 정말 마법이에요. 기술의 가능성은 그야말로 무궁무진해요. 스마트폰에는 이미 개인의 건강을 모니터하는 응용 프로그램이 설치되어 있죠. 이 응용 프로그램이 인공지능과 결합되어 사용자에게 운동과 식단에 대해 조언을 해줘요. 스마트폰에 내장된 GPS는 사람의 위치를 정확하게 잡아내죠. 좌표는 가구가 집에 잘 어울리는지를 보여주는 이케아의 응용 프로그램과 같은 증강현실에 사용될 수 있어요.

하지만 앞으로 미래에는 인공지능이 보다 많은 새로운 기술들과 결합되면서 지금보다 훨씬 더 많은 일들이 가능해질 겁니다.

° 미래의 약속

크리스 맞아요, 에이미. 스마트시티를 상상해 봐요. 인공지능이 스마트시티에서 모든 서비스를 통제하고 관리하죠. 도시의 구석구석에 인공지능 기술이 활용될 겁니다. 스마트시티의 콘셉트는 간단해요. 가령, 스마트시티에서는 운전자의 스마트폰에 설치된 응용 프로그램과 정보를 주고받는 스마트 주차미터기가 빈 주차공간을 알려주죠. 이게 바로 스마트시티의 콘셉트입니다. 금방 이해가 되죠?

인공지능이 두드러지게 활용되고 있는 분야가 교통 분야랍니다. 인공지능이 정지신호와 보행자신호를 조정해서 교통량을 관리해요. 센서와 결합한 AI는 도시 전역의 교통 흐름을 파악할 수 있고 과거 교통 데이터와 결합된 정보를 이용해서 교통신호를 조정해서 교통흐름을 원활하게 만들어요.

스마트시티에서 AI는 필요 없을 때 가로등을 어둡게 해서 에너지 사용량도 조절할 수 있어요. 게다가 교통 기반시설의 유지관리 계획을 세우는데도 도움이 되고, 콘서트와 스포츠 경기와 같은 주요 행사로 교통 혼잡이 발생하지 않도록 교통 흐름을 관리할 수 있죠.

AI가 범죄율을 낮출 수도 있어요. AI는 학습을 통해 범죄 행위의 패턴을 인식하고 자체적으로 판단해서 경찰에 신고도 할 수 있어요. 그리고 AI가 위생 관리, 수자원 관리, 공공 서비스 그리고 응급 서비스 등의 기타 서비스들도 효율적이고 매끄럽게 관리할 수 있죠.

스마트시티의 큰 장점은 도시의 변화랍니다. AI 덕분에 도시는 더 편안한 곳이 되죠. 오염도 덜 발생시키고 에너지도 덜 사용하고 비상사태에 더 잘 대처할 수 있게 된답니다.

에이미 전 스마트홈에 대해서 이야기하고 싶어요. 개인적으로 가장 마음에 드는 AI 이니셔티브랍니다. 스마트홈이 완성되면 개인과 가족에게 신나는 일이 될 겁니다. 스마트홈에서는 개인이 주거환경과 개인 공간을 완전히 통제할 수 있어요.

알렉사와 구글홈 등 집에서 사용할 수 있는 시스템이 여러 개 있어요. 갈수록 가정용 응용 프로그램이 많이 개발되고 있어요. 스마트홈 경보시스템은 집안 출입이 누구에게 허락되고 거부되는지를 학습합니다. 이 학습 내용을 토대로 스마트홈 경보시스템이 특정 사람들의 출입을 허가하거나 거부하겠죠. 그래서 미래에는 열쇠가 필요 없어질 거예요. 통합 시스템에 존재하는 스마트 전등은 집안 내 사람들의 움직임을 파악하고 전등을 크고 킬 순간을 결정할 겁니다. 가령, 누군가가 침대에 누워 눈을 감으면, 방안 전등이 자동으로 꺼지는 거죠. 게다가 누군가가 책을 들고 의자에 앉으면 머리 위 전등이 켜지는 거예요. 그러면 의자에 앉은 사람은 책을 읽을 수 있겠죠. 만약 그 사람이 책을 읽다가 잠이 들면, 전등 불이 또 자동적으로 꺼지는 겁니다.

더 흥미로운 것은 스마트 냉장고에요. 스마트 냉장고는 거주자의 식습관을 학습하죠. 새로운 음식이 필요하거나 유통 기한이 지나면, 스마트 냉장고는 대체 식품을 자동으로 주문 배달시킬 거예요. 그리고 스마트 냉장고는 요일마다 어떤 식품이 얼마나 소비되는지를 학습해서 가장 신선하게 식품을 사용할 수 있도록 적당한 시기에 추가 주문도 할 거예요.

크리스 스마트시티나 스마트홈과 같은 이니셔티브들의 흥미로운 점은 이들이 단일 기기나 기술의 개발이 목적이 아니라는 점이에요. 대신 스마트시티나 스마트홈은 여러 기기들이 상호 연결된 결정체랍니다. 대다수의 경우 이 기기들은 서로 그리고 클라우드에 있는 시스템과 커뮤니케이션을 할 수 있어요. 이 과정에서 생성된 데이터는 AI 기반 시스템에 전송되고 시스템은 이 데이터를 학습해서 훨씬 더 다양한 기능을 사람들에게 제공하게 되죠.

에이미 개별 기기와 소유자가 서로 소통하면서 생활이 더 윤택해질 거예요. 하지만 이것이 클라우드 기반 AI와 결합될 때 무한한 가능성이 생겨날 수 있어요. 지역 슈퍼마켓들이 지역 내 모든 가정에 설치된 냉장고 안에 보관된 소모품의 양과 기타 익명화된 통합 데이터를 분석할 수 있다고 가정해봐요. 그러면 지역 슈퍼마켓들은 그 정보를 이용해서 정확하게 필요한 만큼의 재고만 확보할 수 있을 겁니다.

크리스 지역 주민들이 사용하는 스마트 냉장고와 결합하여, 지역 슈퍼마켓들은 각 가정의 찬장과 냉장고의 내용물에 따라 적정한 광고물을 매장에 부착하고 고객에게 쿠폰을 제공할 수도 있을 거예요. 게다가 폭염이 예상되는 날에는 지역 식료품점은 냉장고와 같은 스마트 기기에 물을 더 사라고 메시지를 보낼 수 있겠죠. 이와 유사하게 휴일처럼 특별한 날을 앞두고 있을 때 필요한 물품을 구매하라는 메시지도 보낼 수 있을 거예요.

에이미 앞서 스마트시티에 대해 논의할 때 언급했듯이, 스마트 교통망은 지역 내 특별한 행사가 다가오면 재고를 더 확보하고 영업시간을 연장하라거나 심지어 주민들의 스마트 기기와 스마트폰으로 직접 할인쿠폰을 전송하라는 메시지를 지역 내 식당과 상점에 보낼 수도 있을 거예요. 추가로 지역 주민들에게 곧 큰 행사가 열려 교통 체증이 발생할 수 있음을 알려서 대체 교통수단을 강구하도록 할 수도 있죠.

크리스 이 사례들이 인공지능과 결합된 IoT의 진정한 힘을 여실히 보여주네요.

에이미 광업도 인공지능이 결합된 IoT를 이용해서 생산성과 안전을 개선할 수 있는 분야죠. 과거 지질학 기록을 이용해서 AI는 값진 금속광물, 석탄과 기타 광물이 많이 매장된 지역을 예측할 수 있어요. 그러면 AI 기반 드릴설비가 그 지역에 매장되어 있는 자원을 채굴할 가장 안전한 경로를 자동으로 판단해서 채굴 작업을 하는 거죠.

광부는 세상에서 가장 위험한 직업 중 하나에요. 그래서 이렇게 기술이 활용되는 것은 굉장히 큰 의미가 있답니다. 광부들은 탄광에 매몰되거나 폭발, 질식 그리고 기타 위험한 사고에 노출되어 있어요. 자동 혹은 반자동 채굴설비는 인간이 이런 위험한 작업을 하지 않아도 귀중한 광물을 채굴해낼수 있도록 할 겁니다.

게다가 AI 알고리즘은 암반 생성의 패턴을 학습하고 지하에 매장된 광물의 위치를 예측할 수 있는 신호를 포착해낼수 있어요. 과거에는 많은 시간과 노력을 들여서 땅을 파내려 갔는데 결국 아무것도 얻지 못한 경우가 다반사였죠. AI는 채굴 비용을 급격히 낮추고 광물이 거의 매장되어 있지 않는 지역에 터널을 뚫거나 굴을 파는 등의 환경을 훼손하는 행위의 빈도를 확연히 줄여 줄 겁니다.

에이미 이 모든 정보가 무선으로 중앙 통제실로 전송되겠죠. 중앙 통제실은 광부들이 착용한 스마트 안전모와 전략적으로 설치한 센서에서 수집한 데이터를 토대로 작업환경을 모니터합니다. 목적은 광부들의 작업환경의 안정성과 생산성을 높이는 겁니다. 물론 인공지능이 데이터를 분석하고 다양한 상황에 대한 최고의 대응 방안을 학습하기 위해 사용될수 있죠.

크리스 해상운송업도 인공지능으로 빠르게 변하고 있어요.

야라 버클랜드는 2019년에 출항 예정인 자율주행 화물선입니다. 상대적으로 소형 선박이지만 150개의 컨테이너를 운반할 수 있어요. 그런데 비용이 같은 크기의 선박의 3배에 이릅니다. 하지만 선원이 없이 자동으로 운행되기 때문에 운영비용이 90% 이상 절감될 것으로 추산되고 있어요.

에이미 야라 버클랜드가 자율주행 선박의 콘셉트를 증명해내면, 자율주행 대형선박이 개발되어 더 많은 화물을 실어나르고 장거리 운항이 가능해질 겁니다. 이론적으로 인공지능과 결합된 자율주행 선박은 해상운송의 안전성을 높이고 해적의 공격이나 다른 선박과의 출동 등의 위험을 줄일 겁니다. 그리고 선원이 필요 없으니, 화물을 실을 수 있는 공간을 더 많이 확보할 수 있을 겁니다. 자율주행 화물선을 위해 특수 설계된 해상 운송로를 도입하면 물류가 더 쉬워지고 해상운송의 신뢰도가 증가하겠죠.

크리스 금융 분야도 인공지능의 혜택을 누리게 될 거예요. 르네상스 테크놀로지는 세계에서 가장 성공한 헤지펀드 운용사랍니다. 20년 동안 연평균 수익률이 35% 이상에 이르죠. 정말 인상적인 실적을 보유한 금융회사에요. 르네상스 테크

놀로지는 일찍이 알고리즘 거래방식을 개척했고 금융 투자를 목적으로 기계어와 AI 알고리즘을 이용하고 있어요. 그리고 이 분야에서 업계 선두주자죠.

에이미 요점은 인공지능이 개인과 인류의 삶을 극적으로 개선할 것이란 점이요. AI는 이미 개인에게 최근까지 꿈도 못 꿨던 초인적 능력을 제공하고 있어요. AI와 인간의 협업으로 생겨난 가능성은 실제로 무한하답니다.

° AI와 자각

크리스 AI는 진보하고 있어요. 이런 와중에 AI에 대해서 생각하면 항상 떠오르는 근본적인 질문이 있어요. 과연 AI가 자각력을 가지게 될까? 자각력을 가진 AI가 등장할까? 자각력을 지닌 AI는 꿈을 꾸고 미래 계획을 세우고 창의적이고 상상력도 가지고 있을까?

에이미 TV시리즈가 떠오르네요. 2015년에 처음 방영된 '휴먼스(Humans)'에요. '휴먼스'는 인공지능과 로봇에 관한 이야기로 '인조인간'이라 불리는 로봇들을 중심으로 이야기가 전개됩니다.

> **홉:** 로버트, 이 기계들에게는 자각력이 있어요.
>
> **로버트:** 그냥 자각력을 지닌 척 행동하는 것이 아니라고 확신할 수 있나요?
>
> **홉:** 그럼 우리가 그렇게 행동하지 않는다고 어떻게 확신할 수 있어?

크리스 나는 생각한다, 고로 존재한다! 매우 흥미로운 생각이고 대단히 흥미로운 논의였어요. 우리는 지금까지 AI가 제조 분야, 헬스케어 분야, 금융 분야, 교통 분야, 우주 분야, 공공서비스 분야, 교육 분야, 농업 분야 등 많은 분야에 어떻게 영향을 미칠 것인지를 아주 살짝 알아봤을 뿐이에요.
이제 슈퍼 프레임워크가 어떻게 미래의 멋진 신세계의 탄생을 도울 수 있을지 살펴보죠.

제15장

차세대 창의력
: 인간 경험의 개선

크리스 에이미, AI가 잠재력을 완전히 실현하고 인류가 안고 있는 많은 문제를 해결한다면 무슨 일이 벌어질 거 같아요?

에이미 미래를 보여주는 수정 구슬이 없어서 모르겠네요. 삶이란 무엇일까요? 삶의 의미를 탐구하는 오디오북을 들었는데, 해답은 '42'라고 하더군요. 정말인가요?

크리스 얼토당토않은 소리에요.《은하수를 여행하는 히치하이커를 위한 안내서(The Hitchhiker's Guide to the Galaxy)》에서 '삶, 우주 그리고 모든 것에 대한 궁극적 해답'에 대해 슈퍼컴퓨터가 '42'라고 답하죠. 그냥 소설일 뿐이에요.

에이미 아, 소설이군요. 이제야 그게 소설인줄 알았어요. 소

제3부 인공지능의 미래

322

설이라고 주석을 달아야겠어요.

크리스 그럼, 가장 시급한 문제가 AI에 의해 해결된다면 인류의 역할은 무엇이라 생각해요?

에이미 크리스의 질문에 대해 몇 가지로 답할게요. 그리스의 철학자 플라톤은 인간의 존재 목적은 지식의 습득이라고 했죠. 독일의 철학자 프리드리히 니체는 죽음으로부터의 도주라고 생각했고, 다윈은 유전자를 전파하는 것이라고 생각했어요. 반면 허무주의자들은 의미가 없다고 말했죠. 스티브 피카드는 인간의 존재 목적을 이해하는 것은 인가의 인지능력을 넘어서는 영역이라고 했어요.

크리스 그 어떤 것도 저의 질문에 대한 답은 안 될 것 같군요. 참고로 인간의 삶 혹은 존재를 개선하는 것은 혁신을 위한 인간의 창의력이랍니다.

에이미 크리스가 말한 '창의력'의 정의가 뭔가요?

크리스 지능과 자각처럼 창의력은 정의하기 힘든 개념이죠.

창의력의 정의는 다양해요. 스티브 잡스는 창의력을 어떻게 정의할까요?

창의력은 단지 대상을 연결하는 것이다. 창의적인 사람들에게 어떻게 그런 일을 해냈느냐고 물으면, 그들은 약간의 죄책감을 느낄 것이다. 왜냐하면 실제로 그 일을 해낸 것은 그들이 아니기 때문이다. 그들은 단지 다른 이들이 보지 못한 무언가를 봤을 뿐이다. 얼마의 시간이 지나면 무언가가 그들에게 명료하게 다가온다. 이런 일이 그들에게 일어나는 까닭은 그들은 자신들의 경험을 연결할 수 있고 새로운 것과 그 연결된 경험을 종합할 수 있기 때문이다. 그리고 그들이 이렇게 할 수 있는 이유는 그들이 남들보다 더 많은 경험을 가지고 있거나 다른 사람들보다 자신들의 경험에 대해 더 많이 생각하고 고민했기 때문이다.

에이미 정말 멋진 정의군요.《고삐 풀린 종(The Runaway Species)》이란 책에 나오는 창의력에 대한 정의도 훌륭해요. 이 책은 창의력은 '인지 과정을 '휘기, 부러뜨리기 그리고 섞기'라는 3개의 기본 전략으로 나누는 프레임워크이자 모든 아이디어의 진화를 위한 중요한 수단'으로 정의해요.

크리스 정말 유용한 정의에요, 에이미. 사전은 창의력을 어떻게 정의하나요?

에이미 '무언가를 창조하기 위해 상상력이나 기발한 아이디어를 활용하는 능력 그리고 독창성'이라고 정의하고 있어요.

크리스 창의력의 사전적 정의를 들으니, 비즈니스에서 창의력과 혁신의 역동적인 관계에 대해 논의하지 않을 수 없네요.

에이미 지난 수년 동안 비즈니스 혁신의 필요성이 점점 증가하고 있어요. 광고업계를 살펴봐요. 광고대행사는 어태 일방적인 메시지를 전달하는 광고를 제작해왔죠. TV광고, 인쇄광고, 잡지 광고 그리고 배너광고를 생각해보면 무슨 말인지 알거예요. 하지만 디지털 및 소셜 플랫폼의 출현과 증가는 혁신이라는 큰 범주 아래서 독창적인 경험과 서비스가 필요해졌죠.

크리스 창의력은 창조의 도구죠. 하지만 창의력도 비즈니스 문제를 해결하는 데 사용될 수 있어요. 세상은 변하고 있죠.

그러므로 우리는 창의력을 사용해서 기업이란 조직을 재해석해야 합니다.

에이미 재해석에 성공한 기업은 시장의 변화에 대응할 기회를 얻죠. 비즈니스에서 창의력의 정의가 확장됐죠. 창의력은 기술 컨설팅부터 전략, 디지털과 비즈니스 변화에 이르기까지 모든 것과 결합되어야 해요.

크리스 결국 창의력의 산물은 개인화된 경험의 대량 생산으로 이어질 수 있을 거예요.

에이미 클레이 크리스텐슨은 저서 《혁신가의 딜레마(The Innovator's Dilemma)》에서 이 개념을 많이 언급했어요. 그는 어떻게 창의적인 혁신이 새로운 시장과 결국 기존 시장을 와해할 가치망을 창출하는지에 대해 설명했어요. 그의 말에 따르면 기업은 비즈니스 혁신을 위해 창의력을 발휘해 끊임없이 변화를 받아들이고 적응할 필요가 있어요.

크리스 창의력을 쉽게 정량화 할 수 없는 경우가 많죠. 그래서 가끔 창의력에 대해 편견이 생겨요. 최근 맥킨지는 《디자인의 비즈니스 가치(The Business Value of Design)》라는 제목의 보고서를 발표했어요. 이 보고서는 창의력을 '상품 이상의 무언가, 바로 사용자의 경험'이라고 정의해요. 이것은 잠재 사용자들이 노출된 환경에서 그들의 가장 기본적인 니즈를 이해하는 것을 의미해요. 보고서는 '곧 출시할 주요 상품이나 서비스를 선택하고 그것을 파일럿 상품이나 서비스로 이용하는 것이 중요하다'고 강조해요. 이것이 최고의 디자인 업체들이 매출과 주주수익을 높이는 방법이죠. 이런 점에서 고객 경험을 최우선으로 생각할 뿐만 아니라 인간은 새로운 경험을 갈망한다는 사실을 기억하고 받아들여야 합니다.

에이미 실제로 항상 새로운 것을 갈망하는 사람을 지칭하는 용어가 있죠. '신기애호가'는 변화를 즐기고 전통과 틀에 박힌 일상을 혐오하는 사람들을 의미합니다.

크리스 사람을 최우선으로 생각하고 새로운 경험을 창조해야 한다는 말에 동의한다면, 기업은 '분산된 인식'를 활용해야 해요. 이것은 아이디어의 자유로운 흐름을 허용하고 기념하는 프레임워크죠.

에이미 AI는 인간을 더 창의적인 존재로 레벨업할 수 있어요.

크리스 참, 도발적인 생각이네요. AI가 인간을 창의적으로 업그레이드한다니. 이것을 기술 용어로 설명하면 '컴퓨터 창의력' 되겠네요.

에이미 창의적인 직업세계에는 생산, 실행, 아이데이션 그리고 영감이라는 창의력의 스펙트럼이 존재하죠.

크리스 현재 컴퓨터 창의력은 생산과 실행에서 구체적인 작업을 탁월하게 수행한답니다. 하지만 AI가 정말로 아이디어를 생각해내고 영감을 받을 수 있는가를 두고 열띤 논쟁이 벌어지고 있어요.

에이미 정확하게 말하면, AI의 존재 목적은 구체적인 작업을 지원하면서 인간의 창의력을 증폭시키는 것입니다.

크리스 GAN에 대한 관심과 기대가 커지고 있어요.

에이미 네, 맞습니다. GAN은 매우 흥미로워요. 아시다시피 GAN은 생성적 적대 신경망(generative adversarial network)의 약자죠. GAN은 2개의 신경망으로 구성된 심층신경망으로 이 2개의 신경망이 서로 경쟁하죠. 그래서 '적대'라는 용어가 붙어요. 몬트리올 대학교의 이안 굿펠로우가 2014년 GAN을 도입했어요. GAN은 학습을 통해 이미지, 음악, 연설, 산문 등 독특한 속성과 특징을 지닌 데이터의 생성을 모방해낼 수 있어요. 다시 말해 GAN은 진짜 같은 가짜를 생성하는 모델과 이에 대한 진위를 판별하는 모델의 경쟁을 통해 진짜 같은 가짜 이미지를 만들 수 있어요. 그래서 GAN은 중요해요. 애니메이션 캐릭터부터 3차원 이미지, 비디오와 영화의 배경에 이르기까지 모든 것에 대해서 진짜 같은 가짜 이미지를 만들 수 있어요.

크리스 쉽게 말하면, 2개의 다른 신경망이 서로 경쟁하면서 새로운 콘텐츠를 만들어내는 겁니다. 가령 사진 한 장과 반 고흐 작품의 이미지가 있다고 하죠. 그럼 GAN은 사진을 반 고흐의 작품 스타일로 해석해낼 수 있어요. 이건 아주 단순한 예에요. 그리고 개념적으로 이 기법은 정말 아무 것에나 적용될 수 있어요.

에이미 멋지네요. CAN도 있어요. 창의적인 적대 신경망 (cre-ative adversarial networks)의 약자죠. 쉽게 설명하면 CAN 은 독립적인 창의적 사고기능을 갖춘 GAN입니다. 2017년 6월, 러트거스 대학교는 논문을 통해 CAN의 개념을 세상에 소개했습니다. 최근에 AI가 만든 첫 향수가 세상에 나왔고 AI가 그린 미술 작품이 수십 만 달러에 팔렸죠. 2015년 이후 AP통신은 뉴스 기사를 생성하는 데 AI 시스템을 활용하고 있어요. 하지만 우리가 반드시 기억해야 할 점이 있답니다. 우리가 이야기한 AI 시스템들이 인간을 대체하기 위해서 개발된 것이 아니란 점이에요. 그들은 인간의 타고난 능력을 강화하고 증폭시키기 위한 하나의 도구일 뿐입니다.

크리스 기술의 최종 목표는 기술 자체가 아니라 인간이 그 기술로 무엇을 할 수 있느냐란 사실을 항상 염두에 두어야 합니다. 이 경우에는 '사람들이 AI 기술과 창의력으로 무엇을 해낼 수 있는가'겠죠. 기술은 인간을 돕기 위해 존재합니다. 그리고 인류, 기업 등이 추구하는 목표를 진전시키기 위해서 존재하는 것이죠. 여기서 인간이 빠지면, AI 시스템은 존재의 목적을 잃는 것이죠.

에이미 다시 말해, 이 루프 속에 '인간'이 반드시 존재해야 한다는 것이죠.

크리스 부분적으로 AI의 손길이 닿은 예술의 의미에 대해서 생각해볼 차례군요. 과연 이렇게 세상을 빛을 본 예술을 예술이라 부를 수 있을까요? 다시 말해, AI가 예술 작품을 만들어낼 수 있다면, 예술의 미래는 무엇일까요?

에이미 이제 CAN과 GAN으로 어떤 이미지든지 어떤 예술가의 화풍으로 바꿀 수 있죠. 그렇다면 AI가 만든 예술 작품, 즉 콘텐츠에 대한 공로는 누구에게로 돌아가야 할까요? 예술가 아니면 AI?

크리스 도발적인 질문이에요. 누군가는 모든 예술이 무언가를 모방해서 탄생되는 것이 아니냐고 말할지도 모르겠어요.

에이미 어느 정도는 사실이에요. 하지만 순수한 창작이냐 완전한 모방이냐 보다 의도가 훨씬 중요하죠.

크리스 그렇습니다. AI는 최종 결과물이 아니라 무언가를 위한 도구입니다. 그러므로 본래 의도가 더 가치 있죠.

에이미 '의도'란 말이 나와서 그러는데, 원숭이 셀카 사진을 봤어요?

크리스 네, 흥미로운 사례죠. 미국의 한 동물보호단체가 원숭이가 그 사진을 찍었기 때문에 원숭이가 저작권을 가지고 있다며 연방법원에 소송을 제기했죠. 결국 연방법원은 동물에게는 권리가 없다고 판결했어요. 의도는 카메라를 설치한 사진작가에게 있었죠. 원숭이는 그냥 사진기를 가지고 놀았을 뿐이에요. 그러니 원숭이는 그 사진의 창의적인 부분에 대해 권리를 주장할 수 없었죠.

에이미 요점은 '인간은 즉흥적으로 영감을 얻고 예술을 탄생시킬 수 있지만, AI는 단지 기존의 예술 작품을 모사할 뿐이다'죠. 다시 말해, 사람들은 스스로의 생각과 느낌으로 예술을 창조하지만 기계는 프로그래밍과 패턴을 이용해 모방할 뿐이에요.

크리스 인간이 영감을 얻어 예술을 창조해낸다는 것은 사실입니다. 그리고 AI는 인간의 지시에 따라 영감을 얻죠.

에이미 전문가 영역에서 예술의 의도는 비즈니스와 관련하여 구체적인 결과물을 얻어내는 것이라 할 수 있어요. 예를 들면 경험을 디자인하거나 의식을 제고하기 위한 공익 광고에서 창의력을 발휘하거나 브랜드를 만드는 것이죠.

크리스 그 말을 들으니 미국의 팝아티스트 앤디 워홀이 떠오르네요. 그는 비즈니스 분야에서 좋은 것이 가장 매혹적인 예술이라고 했죠. 앤디 워홀은 현대 삶에서 이미지의 영향력이 갈수록 커진다는 사실을 알고 있었고 사회에서 예술가의 역할을 넓히기 위해 노력했어요.

에이미 앤디 워홀은 비전통적인 방식으로 예술 작품을 만들어내는 것으로 유명했죠. 그는 이 비전통적인 방식으로 사회의 초상을 그리고자 했어요. 그는 삶 자체가 일종의 순수예술이라고 생각했어요. 그래서 예술 활동에서 과도하게 지능적이고 기법과 기교에 지나치게 집중할 필요가 없다고 믿었죠. 예를 들어 앤디 워홀은 실크 스크린 기법과 캠벨 수프 캔을 접목시켜 삶을 대변하는 예술을 창조해냈죠. 그의 수많은 자화상들도 이렇게 만들어졌답니다.

크리스 앤디 워홀은 예술 분야에서 실험적 시도를 많이 했고 그 시도들은 성공했어요. 나아가 그는 창의력이 비즈니스에 좋은 전략이 될 수 있다는 것을 증명해냈죠. 우리가 인간의 창의력과 AI를 연결해주고 있듯이 그는 예술과 사업을 이어준 사람이었습니다.

에이미 네, 앤디 워홀하면 실험이 떠오르죠. 그는 순수예술에 상업을 접목시켰죠. 이것은 인간이 창조해낸 예술과 AI가 만들어낸 예술의 상호연관성과 유사해요.

크리스 인간의 창의력과 컴퓨터 창의력은 강력한 공생 관계를 형성하죠. 이 관계는 선한 목적을 위해 활용될 수 있답니다.

에이미 AI는 변화 설계의 촉매로 사용될 수 있어요. 국제 광고제 D&AD에 소개된 기사는 '좋은 아이디어와 훌륭한 아이디어의 차이는 그 아이디어가 얼마나 인간적인가에 있다. 그리고 갈수록 기계에 대한 의존도가 심화되는 이 세상에서 '인간성'은 그 어느 때보다 더 중요하다'라고 했어요.

크리스 인류의 진보를 위해서 AI를 활용할 수 있답니다. 다시 말해, 선한 목적을 위해 AI를 사용할 수 있어요.

에이미 AI를 통해 오디오, 영상 그리고 이미지와 같은 콘텐츠의 진위 여부를 확인할 수 있어요. AI 시스템은 딥페이크(deep fake)*와 다크 디자인(dark design)**의 패턴을 정확하게 찾아낼 수 있어요. 딥페이크 AI 감지기법을 사용해서 영상에 등장하는 사람의 얼굴이 타인의 얼굴로 대체되었는지를 확인할 수 있어요. 얼굴뿐만 아니라 다른 특징들이 조작되었는지도 확인할 수 있죠.

크리스 예를 들어볼게요. 기업은 사용자 경험을 친숙하고 이해하기 쉽게 디자인하고 싶어 하죠. 여기서 부작용이 발생합니다. 바로 다크 디자인이 나타날 수 있어요. 기업은 이 목적을 달성하기 위해서 의도적으로 고객을 속여 그들이 보통은 동의하지 않는 것들에 동의하도록 만드는 테크닉을 사용

---

* 딥러닝과 페이크의 합성어로 AI를 이용해 이미지를 합성하는 고도의 기술을 말한다.

** 소비자가 의도하지 않았던 제품이나 서비스를 구매하거나 가입하도록 유도하기 위해 웹사이트와 응용 프로그램에서 사용되는 사용자 인터페이스를 말한다.

하게 되죠. 가령, 사용자 인터페이스를 아주 복잡하고 난해하게 디자인해서 사용자가 도저히 제거할 수 없도록 만드는 겁니다. 역으로 AI는 이런 다크 디자인의 패턴을 인식하도록 시스템을 디자인할 수 있어요.

에이미 그리고 AI 시스템은 소셜 미디어와 온라인에 업로드된 글, 이미지와 영상을 의미론적으로 분석해서 온라인 따돌림과 인종차별을 신속하게 감지해낼 수도 있죠.

크리스 AI를 활용해서 우리가 창조해낸 것들에는 중독성이 있어요. 하지만 절대 해롭거나 무언가를 훼손해서는 안 됩니다. 물론 위대한 것을 창조해내야 하지만, 위대한 무언가를 창조한답시고 너무 많은 것을 파괴하거나 훼손해서는 절대 안 됩니다.

에이미 맞습니다. 오래된 것을 바탕으로 새로운 것을 창조해낼 때, 비즈니스 혹은 기업이 진보하죠.

크리스 컴퓨터 창의력과 결합된 인간의 창의력은 '가보 신념'과 '지식의 저주'를 물리칠 수 있어요. 가보 신념은 '항상 이렇게 해왔어'라는 인지적 편견에서 기인합니다. 지식의 저주는 다른 사람의 행동이나 반응을 예상할 때, 자기가 알고 있는 지식을 다른 사람도 알 것이라는 고정관념에 매몰되어 나타나는 인식의 왜곡을 말합니다. 상대방에게 어떤 정보를 전달할 때, 상대방이 이 정도의 지식은 가지고 있을 것이라 생각해버리는 거죠. 실제로 상대방은 지식이 전혀 없는데 말이에요.

에이미　그리고 집단 지성과 함께 창의력으로 새로운 비즈니스 분야를 창출할 수도 있어요.

크리스　맞아요. AI가 결합된 인간의 독창성은 에너지, 패션, 금융, 제약, 채용, 부동산, 광고, 예술, 자동차, 항공, 뱅킹, 보안 그리고 스포츠 등 많은 분야에서 새로운 비즈니스 기회를 창출할 겁니다.

에이미　말했듯이, 우선 인간과 AI의 관계를 조정하는 규칙부터 익혀야 합니다. 그래야 그 규칙을 창의적으로 비틀고 조합하고 깨뜨려서 새로운 것을 만들어낼 수 있어요.

크리스 기본적으로 AI 활동의 결과들은 AI의 창조자, 즉 슈퍼휴먼에게도 영향을 미치죠.

에이미 그래서 AI가 무엇을 창조할 수 있느냐가 아니라 인간이 AI로 무엇을 창조해낼 수 있느냐가 중요하답니다.

크리스 우화 하나를 들려줄게요. 농부는 아내에게 손이 항상 갈라지고 건조하다고 불평했죠. 어느 날 농부의 아내는 우연히 새 연고를 발견했고 농부에게 발라주었죠. 그러면서 그녀는 농부에게 다음에 손이 갈라지고 건조해지기 시작하면 그 연고를 반드시 사용하라고 말하며 작은 상자에 연고를 넣어서 줬어요.

바람이 부는 추운 날이었죠. 일은 고됐고 농부는 손이 다시 갈라져서 통증을 느꼈어요. 그는 아내가 챙겨준 연고가 들어 있는 상자의 뚜껑을 열었어요. 상자 안에는 작은 손거울이 들어 있었죠. 농부는 태어나서 처음으로 거울에 비친 자신의 모습을 봤어요. 그는 거울 속 자신의 모습을 보고 깜짝 놀랐죠. 거울 속에 아버지의 얼굴이 있었거든요.

농부는 집으로 달려가 아내에게 마법 상자에 대해 이야기했죠. 농부의 이야기를 들은 아내는 그에게 몸이 안 좋은 것 같으니 잠시 누워서 쉬라고 했어요. 다음날 아침, 농부의 아내는 일찍 잠에서 깼고 농부가 말한 마법 상자 안을 슬쩍 들여다봤어요. 그리고 그녀는 상자 안에 있는 거울에서 자신의 어머니의 얼굴을 봤죠.

농부의 아내는 농부에게로 가서 '병원에 가요. 나의 어머니가 당신의 아버지로 보인다니, 분명 당신 몸이 많이 안 좋은 것 같아요.'라고 말했죠.

이 우화가 우리에게 주는 교훈이 뭘까요? 이렇게 기술이 어느 수준으로 발전하면, 마법과 기술을 구별할 수 없는 순간이 생깁니다.

° 기술이 바꾸는 세상

에이미 기술은 세상을 바꾸고 있어요. 여러모로 기술은 마법 같아요. 지금까지 우리는 과거와 미래에 대해 이야기했어요. 하지만 우리의 논의는 '지금 이 순간' 그리고 기술이 전체적으로 그리고 개인적으로 인류에게 어떤 영향을 미칠 것인지에 집중해야 합니다.

크리스 우리는 이미 이 첨단기술을 당연하게 받아드리고 있어요. 저는 새로운 기기와 테크닉이 사회와 아주 빨리 통합되는 모습이 놀라울 따름이에요.

° 슈퍼칠드런

에이미 휴대폰을 한 번 볼까요. 스마트폰에 대해서 앞서 이야기했지만, 스마트폰이 지난 몇 년과 비교해서 이 세상을 얼마나 많이 바꿔놓았는지 생각해보죠.

요즘 아이들은 그 어느 때보다도 유능해요. 과거에 아이들은 두꺼운 백과사전에서 필요한 정보를 찾았고 도서 카드로 도서관에서 원하는 책을 찾았죠. 종이에 숙제를 손으로 써서 선생님에게 제출했고 복잡한 대수 방정식을 손으로 풀었어요.

하지만 이제 아이들은 스마트폰으로 수백만 권의 책, 논문, 잡지, 블로그 그리고 연설을 찾아 필요한 사실과 의견을 확보하죠. 도서 카드는 박물관에 전시할 만한 '옛 것'이 되었죠. 그리고 이제는 숙제를 손을 직접 써서 제출하지도 않죠. 실제로 아이들은 모바일 기술을 이용해서 직접 학교에 가지 않고 원거리에서 강의를 들을 수 있어요.

인공지능과 모바일 기술이 결합되면, 아이들은 해변, 침실 또는 공원의 벤치에서 마법을 부릴 수 있어요. 기록된 인류의 모든 가르침을 참조할 뿐만 아니라 AI로 결론을 도출하고 그 정보를 보다 잘 이해할 수 있답니다.

그 결과 마음대로 인터넷에 접속하고 AI와 IoT를 활용해서 검색하고 창조하는 '슈퍼칠드런(superchildren)'이 등장했어요.

한 마디로 AI의 마법이 어린이들과 그들의 어린 시절을 완전히 바꿔놓고 있어요.

° 슈퍼아티스트

크리스   시각 디자이너를 살펴보죠. 개인 컴퓨터가 발명되기 전에 그래픽 아티스트는 펜, 연필, 종이, 오버헤드 프로젝터 등으로 작업을 했죠. 최근에 한 친구가 군대에서 그래픽 아티스트로 일했던 자신의 아버지에 대한 이야기를 해줬어요. 친구의 아버지는 프레젠테이션을 위해 마분지에 다양한 크기, 모양, 폰트 그리고 색깔의 글자와 구조물을 오려붙였다고 하더군요. 실제 광원을 이용해 그림자를 만들고 필름으로 촬영한 뒤 오버헤드 프로젝터로 대령과 장군에게 그림자 효과를 보여줬다고 해요. 그로부터 수십 년 뒤 어도비 포토샵과 같은 툴의 등장으로 그래픽 디자이너들은 친구의 아버지처럼 고되고 지루한 작업을 할 필요가 없어졌죠. 그들은 디지털 팔레트로 언제든지 프레젠테이션을 만들고 수정할 수 있어요. 그리고 정보를 벽에 걸린 스크린에 바로 쏟아서 청중에게 보여줄 수도 있죠.

어도비 센세이 덕분에 시각 디자이너의 작업 속도와 효율성이 크게 개선됐죠. 이젠 힘들게 픽셀 단위로 사진을 수정할 필요가 없어요. 그들이 원하는 대로 인공지능이 이미지를 정확하게 자동 수정하죠. 심지어 수백 장의 사진 라이브러리에 반영할 필요가 있는 변화도 예측할 수 있어요. 이 기술이 애니메이션과 3차원 편집기술과 결합되면, 말 그대로 언제어디서든 완벽하게 상호작용하는 경험이 나올 수 있죠.

여기서 그래픽 아티스트가 '슈퍼아티스트(superartists)'가 될 잠재력이 나와요. 물리적 세상의 제약이 제거되면서 그들이 원하는 모든 효과를 완전히 자유롭게 창조해낼 수 있게 되는 것이 죠.

이처럼 예술과 창작의 세계가 AI의 수혜를 입고 있답니다.

˚슈퍼티처

에이미 화제를 전환해서 교사와 교육에 대해 이야기 해봐요. 과거에 교사들은 교실에서 학생들에게 강의를 했죠. 일반적으로 교사는 하루에 여러 학생들을 가르쳤어요. 다양한 주제로 많은 수업을 했죠. 교사들은 학생들 앞에서 강의했고 $35mm$ 프로젝터로 영화를 상영했으며 칠판에 수업 내용을 필기했죠.

하지만 교실의 풍경이 많이 변했어요. 요즘 교사들은 노트북, 한 쪽 벽을 덮는 대형 스크린과 인터넷 등 각종 기술을 활용해서 수업을 진행하고 있어요. 여전히 대부분의 학생들이 교실에 출석해서 수업을 듣지만, 원격 교육이 갈수록 흔해지고 있답니다.

머지않아 가상학습이 교육 시스템을 장악할 겁니다. 이젠 스스로 학습 진도를 조정하면서 집에서 편안하게 수업을 들을 수도 있어요. 교사들은 수십, 수백 혹은 수천 명의 학생들에게 동시에 생중계로 수업을 하거나 미리 녹화된 수업 영상을 통해 강의를 해요. 교사가 수업을 하는 동안 학생들은 보조교사인 AI에게 메시지로 질문을 해서 수업의 핵심을 명확하게 파악할 수 있죠.

이러한 '슈퍼티처(superteachers)'는 인간일수도 있고 AI일수도 있어요. 아무튼 슈퍼티처는 학생의 능력과 한계에 정확히 맞춰 교육을 제공할 수 있답니다. 이러한 교육 시스템의 혁명은 학습과 지식의 새로운 황금시대를 열거예요.

이처럼 AI의 마법이 교수법을 영원히 바꿔놓고 있어요.

˚슈퍼파머

크리스 역사적으로 들판에서 농사를 짓는 것은 가장 위험한 직업 중 하나랍니다. 과거에는 동물의 힘을 빌려 쟁기질을 하고 고랑을 파서 손으로 씨앗을 뿌렸어요. 작물과 가축을 기르고 시장에 내다파는 것도 모두 수작업이었죠. 그리고 허리가 끊어질 정도로 고되고 목숨을 위협하는 노동이 수반됐어요.

요즘은 냉난방 장치가 된 대형 기계로 땅을 갈고 특수 기기로 씨앗을 뿌리죠. 소수 인력만으로 작물을 키우고 수확해서 시장에 내다팔 수 있게 되었답니다.

AI는 농업을 완전히 바꿔놓았어요. 머신러닝은 수분이 필요한 작물에 물을 정확하게 공급하죠. 이 덕분에 방대한 농토 전체에 물을 댈 필요가 없어졌죠. 게다가 AI 알고리즘은 딱 적당한 독성을 지닌 살충제를 조합해내서 필요한 곳에 정확하게 살포하죠. 덕분에 살충제의 오남용을 막고 원하는 효과만 얻을 수 있게 되었어요. 작물을 키우고 수확해서 시장에 공급하는 전 과정을 머신러닝으로 미세하게 조정하고 통제할 수 있어요. 이 덕분에 최상의 작물을 최적기에 시장에 공급할 수 있답니다.

로봇의 등장으로 농부들은 특히 위험한 작업을 할 필요가 없어졌죠.

'슈퍼파머(superfarmers)'는 환경에 부정적인 영향을 덜 미치면서 식량의 질과 생산량을 보다 쉽게 개선할 수 있어요. 그래서 슈퍼파머에게는 이 세상에서 굶주림을 없앨 잠재력이 있답니다.

이렇게 AI가 농업에서도 마법을 부리고 있어요.

° 슈퍼닥터

에이미 의사가 수술을 집도한지는 그리 오래되지 않았답니다. 아주 간단한 시술이나 원인을 파악하기 위해서 의사는 환자의 몸을 열어 안을 들여다봐야만 했습니다.

하지만 수백 개의 다양한 의료 기기의 등장으로 보건과 의료 분야가 완전히 바뀌었습니다. 이제 비절개 수술을 받은 환자들은 일주일 정도 병원에 머무르다가 어느 정도 회복이 되면 외래 진료를 받죠. 그리고 의료 로봇이 뇌, 심장 그리고 기타 장기에 시행되는 섬세하고 복잡한 수술을 지원합니다.

AI와 의료용 IoT의 등장으로 의료 업계가 급속도로 변하고 있어요. 병실에 설치된 의료 기기들은 서로 연결되어 있어서 환자의 상태를 전체적으로 모니터할 수 있어요. 이것은 심박수, 호흡 등을 개별적으로 모니터하는 것에 비하면 대단한 진보죠. 로봇 의사가 어렵고 까다로운 수술을 전적으로 책임지고 인간 의사는 처음에 감독하고 만일의 사태가 생기실 수술에 개입하죠. 이론적으로 나노봇과 같은 보다 진보된 기술이 환자의 혈류로 들어가서 세포 단위에서 수술을 집도할 수 있어요.

'슈퍼닥터(superdoctors)'와 '슈퍼하스피탈(superhospitals)'이 의료 서비스를 바꾸고 있습니다. 덕분에 사람들의 삶이 개선되고 수명이 증가하고 의료 문제가 빠르고 쉽게 해결되고 있어요.

이것이 의료와 헬스케어 분야에서의 AI와 기술의 마법입니다.

°슈퍼유

크리스 과거에는 사람들의 상호작용이 거리와 의사소통 능력의 제약을 받았죠. 가까이에 있는 사람과는 직접 대화할 수 있었어요. 하지만 멀리 있는 사람과 대화하기 위해서 비둘기와 같은 동물의 힘을 빌렸죠.

인터넷이 이 구조를 영원히 바꿔놓았어요. 이제 사람들은 손 안에 쏙 들어가는 기기로 언제나 누군가와 의사소통할 수 있어요. 그리고 이 지구상에 존재하는 모든 도서관에서 필요한 정보를 획득하고 자신의 집에서 편안하게 영화를 보고 수만 명의 사람들과 동시에 온라인 게임을 즐길 수 있죠. 게다가 드론이 몇 시간 안에 원하는 식료품을 집 앞까지 배달도 해줘요.

AI는 개인도 변화시킵니다. 가상현실과 증강현실은 AI에 기반을 둔 기술입니다. 이 두 기술이 새로운 지평을 열고 있어요. 스마트 냉장고와 같은 IoT기기는 이미 자동으로 음식을 주문해요. 그러면 무인 드론이 몇 시간 안에 이렇게 주문한 음식을 배달해주죠. 사람들은 전 세계 어디서든 교육의 혜택을 누리고 손가락만 까닥 하면 모든 형태의 엔터테인먼트를 즐길 수 있어요.

AI가 당신(you)을 변화시켜 '슈퍼유(superyou)'로 만들고 있어요. 이제 우리는 스마트 기기, 가상현실 헤드셋 또는 보이스 어시스턴트 등을 통해 인터넷에 직접 접속되어 있어요. 그

래서 우리가 원하는 장소 그리고 원하는 사람과 정보를 주고
받을 수 있죠. 원하는 곳에서 수업을 듣고 마음대로 비디오
게임을 하고 바란다면 집이나 해변에서 일할 수도 있답니다.

AI의 마법이 슈퍼유를 탄생시켰어요. 손가락만 까딱하면
우리는 상상을 초월하는 힘을 발휘할 수 있어요. 이것이야말
로 AI의 마법이죠.

에이미 AI가 사회에 미칠 잠재적 영향은 놀랍고도 사실상
무제한이죠. 분명 인공지능이 기업, 인류 그리고 개개인에게
미치는 영향은 극적입니다. AI는 건강 증진부터 지구 온난화,
수명 증가, 식량 공급량의 증가, 그리고 빈곤 퇴치에 이르기
까지 인류가 안고 있는 많은 문제에 대한 해결책을 제시하고
있어요.

크리스 AI와 기타 디지털 솔루션으로 지능과 역량을 확장시
킨 사람들이 사는 세상을 상상해보세요.

에이미 결국 비즈니스와 소비자의 힘이 AI가 앞으로 나아갈
방향을 정하고 성공 여부를 판가름할 겁니다. 인간 본성을
믿는 저는 AI가 선한 목적을 위해 활용될 것이고 인간의 창

의력을 과학의 논리와 결합시켜 마법과 같은 경험을 창조해낼 것이라 확신합니다. 그리고 이것은 앞으로 수년 동안 비즈니스 혁신과 사회 혁신의 강한 원동력이 될 것입니다. AI와 함께 하면 혁신의 기회는 무한합니다.

크리스 이 대화를 하는 내내, AI가 매우 중요한 기술이란 사실을 분명히 이해할 수 있었어요. 디지털 시장이라는 새로운 현실이 혁신적이고 마법과 같은 경험을 창조해내야 하는 '경험 경제(experience economy)'를 야기했지요.

슈퍼 프레임워크의 단계와 전략은 인공지능에 내포된 혁신과 창의력을 증폭시키고 확장하고 지원할 수 있어요. 이것이 지금 그리고 미래에 기업과 사람들에게 새로운 힘과 능력을 줄 것입니다.

AI를 이용해서, 구체적으로 슈퍼 프레임워크를 활용해서 사람들은 슈퍼휴먼의 힘을 얻고 있어요.

결국 AI는 '슈퍼휴매너티(superhumanity)'를 낳을 겁니다.

에이미 살바도르 달리는 이렇게 말했죠. '야망 없는 지능은 날개 없는 새다.'

AI가 알려주는 비즈니스 전략
인공지능이 변화시키는 경영의 미래

초판 발행 2020년 1월 7일
1판 1쇄 2020년 1월 13일

발행처 유엑스리뷰 | **발행인** 현명기 | **지은이** 크리스 더피 |
옮긴이 장진영 | **주소** 부산시 해운대구 센텀동로 25, 104동 804호 | **팩스** 070-8224-4322 |
등록번호 제333-2015-000017호 | **이메일** uxreviewkorea@gmail.com

ISBN 979-11-88314-42-3

SUPERHUMAN INNOVATION by Chris Duffey